JN095046

ブレーン秘書の
理論と実務

徳永彩子　著

学 文 社

はじめに

　本書は，秘書学の理論と実務で構成されています。「秘書学概論」や「秘書実務」「ビジネスマナー」「ビジネス実務演習」などの授業で使用できるようになっています。理論編では，セミプロフェッションとしてブレーン（参謀型）秘書の業務内容の特性とキャリア開発を論究しました。実務編では，ビジネスマナーの基本から電話応対，来客応対，交際業務，ビジネス文書を学習します。秘書学やビジネス実務を学習する学生や新社会人を対象にしています。

　第1章では，問題の所在と本書の構成を提示しています。第2章では，秘書の機能と業務に焦点をあて，その業務を実務レベルまで細分化して，詳しくその特徴を検討し，その検討を通して秘書業務における9つの戦略的留意項目とは何かについて考察を試みました。第3章では，秘書業務に焦点をあて，広島の企業および病院にアンケートを実施することで，現代的な特徴を調査しました。第4章・第5章では秘書のキャリア形成と3つの類型を明示しました。第6章では日本の秘書を，第7章では欧米の秘書の史的考察を試みました。

　実務編の第9章では，ビジネスマナーの基本である「身だしなみ」や「敬語」について学習します。第10章では，電話のかけ方や受け方を学びます。第11章では，受付での応対や名刺の取り扱い，訪問のマナーを学習します。第12章では，社内文書や社外文書の書き方を学びます。したがって，「秘書学」とは何かを体系的に学ぶことができます。

　本書を上梓するにあたりまして，多くの方々のお力添えを賜りました。この場をお借りして，御礼の言葉を述べさせていただきます。

　西南学院大学大学院の指導教官である佐々木武夫先生（元西南学院大学教授）に感謝申し上げます。筆者が取り組んできました秘書のキャリア形成について，経営学の切り口で研究する方法を教わり，博士論文の執筆に取り組むことができました。同じく，博士論文執筆にあたりまして，西野宗雄先生（元西南学院大学教授），伊藤龍峰先生（西南学院大学教授）からもご指導いただきました。先生方には，改めまして御礼申し上げます。

　また，大学教員としての道をサポートしてくださいました浅岡柚美先生（中村学園大学教授），秘書のキャリアを研究するにあたりまして，ご指導くださいました大友達也先生（就実短期大学教授），インタビューにご協力いただきました現役，元秘書の方々，アンケートにご協力くださいました広島の企業や病院の方々に心より御礼申し上げます。さらに，本書の校正に最後まで丁寧にご指導くださいました学文社の田中千津子社長と関係者の方々に厚く御礼申し上げます。最後に私事でございますが，今日まで経済的にも精神的にも支え続けてくれました家族に感謝の意を表して締めくくることにします。

2021年3月

徳永　彩子

＊本書刊行にあたりまして，熊本学園大学出版会の助成を受けましたことを付記して謝意に代えます。

目　次

第2部　実務編

第1部　理論編

第1章 業務内容の特性とキャリア開発

1　問題の所在

　　本書の目的は，セミプロフェッション[*1]としてブレーン（参謀型）秘書[*2]の業務内容の特性とキャリア開発を論究することにあります。

　　今や日本経済が発展するには，女性のキャリア形成の問題は急務の課題といえるでしょう。日本において，女性が本格的に職場に進出するようになったのは第二次世界大戦後のことですが，以来長期間にわたって女性にはキャリア発展のルートが閉ざされていました。女性労働者といえば，「若年未婚者」であって，「短期勤続者」であり，「低学歴」という枠組みが出来上がっていたためです。この結果，たとえ能力があり，職業継続意欲をもつ者がいても，本人の意欲や能力が評価される以前に彼女が女性であるという理由で，その枠組みの中に入れられてしまうという現実がありました。かつては女性の本来的な役割は家庭管理にあると考える性別役割分業観が支配的であったため，企業の側は当然のように女性に対して若年定年制や結婚退職制を適用し，差別的労務管理を行っていたのです。したがって，女性はキャリア形成の問題を考える環境になく，選択の余地もなかったといえます。

　　しかし，近年，女性の職業選択とキャリア開発をめぐる状況は，1986年施行の男女雇用機会均等法をきっかけとして，デジタル情報技術革新とグローバリゼーションの中で大きく変わろうとしています。それにより，産業構造の変化と各種のサービス産業の需要が高まっています。産業構造が製造業などのものづくりを中心とした第二次産業から，アイデアや情報感度が重視されるサービス業を中心とした第三次産業に移行してきたことで，様々な価値観をもった多様な担い手が必要とされています。男性とは異なった経験や社会との関わり方をしてきた女性の視点が重視されるようになってきたのです。今や女性を活用しないと，日本経済は発展しないといっても過言ではないでしょう。

　　そこで，本書では具体論として秘書職とりわけブレーン秘書に限定して，その業務内容の特性とキャリア開発を論究します。昨今，秘書を取り巻く環境が変化しつつあることを強く感じます。秘書といえば，女性の憧れの職業であり，女性特有の職業というイメージをもたれていました。しかし，現在では秘書が女性特有の職業というイメージをもつがゆえに，ワーカーという

*1　プロフェッションの定義として，①専門的知識，②自立性，③業務へのコミットメント，④同業者への準拠，⑤倫理性という5つが挙げられるが，秘書は②自立性に問題があるため，本書においてはセミプロフェッションとして定義する。

*2　本書では，「業務サポート」のみならず「経営サポート」にも参画する秘書をブレーン（参謀型）秘書と定義する。

名称の下に男女共通の職業に関心がシフトしてきています。実際，専門学校や短期大学で実施されていた秘書学科目は，ビジネス実務論などの科目に移行しているところもあります。女性の意識変化の表れなのかもしれませんが，企業における秘書の役割の重要性が変わることはなく，ますます有能な秘書が求められているのではないでしょうか。企業において，秘書の存在は欠かせません。秘書は，トップ・マネジメント（top management）である経営管理層のスケジュールを的確に把握・調整し，トップ・マネジメントと社内外関係者との連絡・調整を円滑化する役目を果たす，非常に重要な職務です。仮に秘書が存在しないと仮定するとどうなるでしょうか。容易に想像がつくでしょう。スケジュール管理，来客応対，電話応対などに時間をとられ，さらには業務における準備や事後処理に追われ，トップ・マネジメントの本務である的確な経営判断・意思決定の遂行は不可能でしょう。限られた貴重な時間を本務遂行のために最も有効に用いるには，必ずしも自身で担当する必要のない実務を引き受けてくれる補佐役である秘書にそれを委譲します。複雑な経営環境の下で，トップ・マネジメントたちは，秘書を活用して効率を上げ，有能なブレーン秘書を求めます。ここに秘書の必然性があり，秘書が存在する意義を見出すことができます。したがって，ビジネスの場でワーカーとして職務を遂行するために必要となる知識，およびその裏づけとなる理論を体系的に学ぶことを目的としたビジネス実務論と，トップ・マネジメントの右腕となるべくブレーン秘書の育成を目的とした秘書論に分化していくものと考えられます。今までの秘書論は，サポートするという役割を重んじて，補佐的な理論や実務を中心に展開してきました。しかし，近年は企業の国際化，急速なIT化の進展，職場環境の変化などにより，秘書に求められる役割が大きく変容しています。旧来の秘書の機能や業務に対する定義が時代とそぐわなくなってきているのではないでしょうか。そこで，秘書がどれほど重要な職務を担っているのかを理解するべく，歴史的視座からみていく必要性もあります。秘書の必然性を史的に考察し，これから先，秘書がどのような方向性を辿るのか検討することは重要なことでしょう。工業化社会から脱工業化社会を経て情報化社会へと移行し，さらにこれからの高度情報化社会において，企業におけるブレーン秘書の職務は，ますます拡大していくでしょう。

2　本書の構成

　以上のような観点から，本書では第1にブレーン秘書の職務分析とキャリア開発を，第2にブレーン秘書の類型とキャリア形成を，第3に日本と欧米の秘書史とその職務の変遷を解明します。したがって，第2章では，この変

容しつつある秘書の機能と業務に焦点をあて，その業務を実務レベルまで細分化して，詳しくその特徴を検討し，その中から新しい秘書に求められている要素や秘書像について論述していきます。なお，秘書の定義における上役というのは，企業などの組織体における直接の上司のことですが，秘書が補佐役としてつけられるのは一般に取締役クラス以上の重要な役職者に限られています。諸外国においては，ミドル・マネジメント（middle management）を補佐する秘書も存在しますが，本書では秘書が補佐役として担当する上役は，トップ・マネジメントと定義します。以下，秘書の機能を先行研究から定義し，秘書とトップ・マネジメントの職能の関係について検討し，補佐業務について述べます。次に秘書業務を3つに下位分類し，その特質を探ります。続いてその三大業務を構成する12課業（job）について，実務レベルまで細分化して検討し，その検討を通して秘書業務における9つの戦略的留意項目とは何かについて考察を試みます。

　さらに，第3章では変容しつつある秘書業務に焦点をあて，広島の企業および病院にアンケート（依頼件数510件　有効回答件数135件）を実施することで，現代的な特徴を調査することにし，第4章・第5章では秘書のキャリア形成と3つの類型を明示しました。最後に第6章・第7章では秘書の史的考察を試みます。以下，秘書業務のうち「書く（記録を残す）」という秘書に欠かせない作業に着目することによって，文字と記録法の発達を詳述し，古代の秘書職務を主な文明発祥の地に求めます。次に欧米と日本の秘書史の流れを概観することによって，欧米と日本の秘書の歴史的共通点と相違点について検討し，現在の私たちが確立すべき秘書像，さらには将来の秘書の方向性を知るための手がかりを求めていくことにしています。

第2章 ブレーン秘書の職務分析とキャリア開発

1 秘書職能：その機能と業務

秘書とは，トップ・マネジメント（以下トップとする）の役割・使命を全うさせるため，トップの業務運営が効率化できるよう補佐する職務または人物のことです。本来はトップの仕事である文書業務，来客応対，情報収集や日程調整など，トップが本来の業務に専念できるよう，秘書がトップに代わって雑務を引き受けます。このように，秘書はトップを補佐するという基本機能をもっているのです。そこで，先行研究では秘書機能はどのように定義されているのでしょうか。秘書機能の定義を箇条書きにすると以下のようになります。

- 「秘書の基本機能は，上司の職能の補佐をすることである。」（森脇）[*3]
- 「秘書の基本的機能は『上司の職能の補佐』をすることにある。」（永井）[*4]
- 「秘書の機能は重責を担う人を補佐することであり，その業務内容は上司の意思決定に必要な情報を提供し，逆に上司からの情報を周囲に伝達することであり，その職務の遂行には高度の知識と教養が要求される。」（白石）[*5]
- 「このように上司を補佐することを，秘書の機能と言います。」（中佐古）[*6]
- 「したがって，秘書部門の役員に対する関係を目的別にみると，秘書の機能は補佐である，ということができる。しかし，補佐はスタッフに共通の機能であるから，補佐が秘書，または秘書部門に固有の機能であるとはいいがたい。補佐機能を秘書という専門性のレベルで理解する必要がある。」（西澤）[*7]
- 「秘書の基本的機能は『上司を補佐する』ことである。」（荊木ほか）[*8]
- 「秘書の機能は上司が本来の職務に専念できるように補佐（雑務の代行，除去）することである。」（奥喜）[*9]
- 「秘書の機能は，重責を持つ人物を補佐し，その業務を円滑化することである。」（田中）[*10]
- 「『秘書の機能は，上司が本来の仕事を能率よく，効果的に行いうるように上司を助け，補佐する』ことです。」（吉田）[*11]
- 「役割とは，秘書の個々の仕事を項目別にまとめたものをいいます。機能とは，この役割をさらに抽出化して，いろいろな役割に共通したものを行

*3 森脇道子編著『秘書概論』建帛社，1986年，p.15

*4 永井宏一『企業秘書総論』一の丸出版，1997年，p.29

*5 白石弘幸『秘書の機能』学文社，1990年，p.19
*6 中佐古勇編著『考えて学ぶ秘書学』嵯峨野書院，1993年，p.42

*7 西澤眞紀子『セクレタリアル・スタディーズ』白桃書房，1997年，p.80
*8 荊木美行・小花和尚子・森本敦司『秘書学入門』燃焼社，1997年，p.6
*9 奥喜久男『秘書学概説』東京法令出版，1994年，p.32
*10 田中篤子『秘書の理論と実践』法律文化社，1989年，p.8

*11 吉田治司『テキスト秘書概論』秋山書店，1993年，p.37

＊12　実務技能検定協会編『必須ライン３級』早稲田教育出版，1989年，p.45
＊13　村上哲大『目的論的アプローチによる秘書理論』都市文化社，1996年，p.150〜151より一部抜粋　秘書機能についての先行研究を一覧表にして取り上げており，大変わかりやすい。先行研究の秘書機能の定義に関する共通部分を探ることができ，大変よくできている。
＊14　上司の職能とは，上司の仕事や職務上の役割である。

為（作用，働き）として一元的にまとめた表現です。秘書の基本的機能は，上司が本来の仕事を能率よく効果的に行い得るように上司を助け，補佐することです。」（実務技能検定協会編）＊12

　先行する研究における秘書の定義を一覧で示した＊13先行研究もあります。それらの論議では，秘書の機能を次のように定義しています。「上司の職能＊14を補佐する」。ここでいう補佐とは目的や手段を指すのではなく，仕事の仕方の単なる形式あるいは様式にすぎません。ここから，秘書の機能は「トップの役割・使命を全うさせるため，トップの業務の運営を補佐し効率化させることである」と定義できます。トップの職務がオーバーフローした場合，トップ個人がそれを担当するか，あるいは他人にその職務の一部を委譲するしかありません。この委譲（delegation）の人間関係的な表現が補佐（assistance）あるいは補助者の任命ということになります。権限の委譲の対象である秘書の機能を定義するには，秘書が何を目的とするか，その目的を達成するためにどのような手段をとるかまで考えなければなりません。そこまで考えると，秘書の機能が多少構造的かつ立体的となり，理解しやすくなると考えました。すなわち目的は「トップの役割・使命を全うさせるため」であり，手段は「トップ業務の運営効率化の補助」ということになります。

　また，企業の最高意思決定者や経営管理者としてのトップの職能と，その補佐を務める秘書の職能とは，質や次元の異なるものであり，はっきりと区別され，分化した職能と考えられます。ここでいう職能とは，社会や企業の中で，その職業や職務の果たす役割のことです。トップの職能が経営判断・意思決定にあるとすると，秘書の職能はトップを補佐することであり，トップの雑務を代行・除去することにあるといえるでしょう。秘書が「縁の下の力持ち」「陰の力」「黒子＊15」といわれる所以がここにあります。

＊15　黒衣ともいわれ，自分は表に出ないで裏で人をあやつる人という意味であるが，秘書にあてはめると，自身は表に出ず上役の補佐に徹底する人ということになる。

　したがって，秘書は決してトップに代わって本務を遂行し，権限を行使することなどはできないのです。このことは，企業秘書がトップに代わって経営方針を決定し，医療秘書が医師の代わりに医療活動を行うことはあり得ないことを考えれば明白です。トップの本務に直接的に関わる業務は，指示を受けたり任されたりした細部の業務を除き，秘書が勝手に処理することは決して許されません。しかし，秘書の職能は補佐というかたちでトップの職能と結びついており，秘書の補佐の成果は，トップの本務の成果に多大な影響を及ぼすことになります。両者の職能の違いを理解するには，企業組織の中での両者の属する階層を比較してみると明快です。一般の秘書は，経営管理層に属するトップのもとで業務を遂行するのですが，自らは一般従業員層の一員にすぎないのです。

　さらに，秘書の補佐業務を大別すると，付随的補佐と主体的補佐に分ける

ことができます。付随的補佐とは，トップの本務から派生する業務を効果的に処理し，トップの本務業務の効率化をはかるための業務です。秘書業務の中で，トップに関する業務から派生して出てくる付随業務をどのように処理し，補佐の効率を上げるかという問題に取り組みます。付随業務とは，例えば，スケジュール管理においては，アポイントのとりつけ，案内状の作成，出欠のとりまとめなど，トップの出張の場合には，交通機関・宿泊先に関してのトップの意向や好みの確認と配慮，出張先への手土産の手配，出張に関係のある人への正確で速やかな連絡，出張に必要な書類や名刺の確認，出張先でお世話になった人への御礼の手紙の作成などであり，一つの仕事を着実に完結するための細やかな配慮を行うことです。これらはトップの本務から派生する業務の代行・除去として，補佐役である秘書の基本的な役割であるといえるでしょう。

　一方，主体的補佐とは，付随的業務に必要な秘書のもつ情報網や協力関係網などのネットワークづくりによる創造的で自発的な業務です。付随的業務を効果的に遂行するためには，組織の内外のいろいろな人たちの協力や，情報提供などを必要とすることが多々あります。したがって，秘書自身が平素から社内外の広い範囲にわたって，よい人間関係のネットワークを築き，情報の交換・収集のためのアンテナを張り巡らせておくことが重要となります。確実で良質な情報が入手可能なネットワークや人脈があって，はじめて効果的に業務が遂行できることを心得ておかなければなりません。

2　秘書の三大業務とその業務の特質

　秘書はトップの補佐をする立場にあり，トップが雑務に時間をとられることなく，本来の責任を全うするために，秘書として行わなければならない業務があります。それは大別すると，総務業務（general service），情報管理業務（information management），対人処理業務（human communication）[16]の3つに分けて考えることができます[17]。

　総務業務（general service）とは，オフィス環境整備，スケジューリング，会議・会合の運営業務，出張業務，慶弔業務，会計事務，身辺の世話などであり，これらはいずれもトップの日常の環境をよくし，本務から派生する業務を代行・除去し，ストレスを軽減し，トップの本務の円滑な遂行を可能にする重要な業務です。秘書としては，様々な分野の知識や経験が必要とされます。

　情報管理業務（information management）とは，文書管理（作成，発送，整理，保管など）や情報の収集，処理などであり，ここでいう情報とは「物事についての判断や行動に役立つ知らせ[18]」と考えることができます。企業

[16] 筆者による試論であるが，総務業務（general service），情報管理業務（information management），対人処理業務（human communication）と英訳を付けておく。

[17] 先行研究では，3つの業務に分類されると定義されている。全国大学・短期大学実務教育協会編『秘書学概論』では，総務業務，情報管理業務，対人処理業務の3つに分けられ，山本命子『最新秘書学概論』においても事務業務の処理，情報の処理，対人関係の処理の3つに分類されている。一方，森脇道子『新版秘書概論』では情報業務と対人業務の2つに分けられているが，下位に課業を適切にあてはめることができず，体系的に把握することができない。3つに分類し，その下位は課業で構成されると考えるのが適当である。

[18] 全国大学・短期大学実務教育協会編『秘書学概論』紀伊國屋書店，1997年，p.36

活動においてトップが経営判断などをする際，情報に基づいてなされていることはいうまでもありません。情報を伝える媒体としては，有形（文書，ディスクなど），無形（音声など）の様々なものが考えられます。秘書はこれらの情報資料となるものを管理（作成，収集，整理，保管，伝達，提供など）することにより，トップの本務遂行を補佐します。急速な企業のIT化に伴い，秘書業務の中でますますその比重が高くなっている業務といえるでしょう。

対人処理業務（human communication）とは，トップと他の人たちとの間に立って，取次ぎ・連絡を主とする業務であり，来客応対，電話応対（発信，受信，取次ぎ，伝言など），社内外の連絡・調整などのことです。秘書業務の中では，人間関係の仕事がその大半を占めているといえるのではないでしょうか。秘書自身も当然人間の群の中で仕事をしますが，トップは特に複雑な人間関係の渦中にあります。その調整役をするのが，秘書の重要な職務となります。文字・数字による業務処理のほとんどが機械処理されているのに対し，これらの業務は機械では処理できない人間性に依存した業務だといえます。

これらの他に，日常めったに起こらない業務，例えば突発的事態（天災，火災，事故等）の処理などは，非定型業務[19]として付け加えることができます。また，犯罪者の侵入などの異常事態も起こり得ます。これらの状態に遭遇した秘書は，事態の速やかな把握，判断力，処理能力が求められ，迅速かつ確実に対処しなければなりません。平素から，天災の場合には緊急避難順路の確認や非常持出書類などの確認をはじめ，それぞれの事態についての対応[20]をあらかじめ準備しておくことが必要です。秘書業務の内容は，非常に広範囲で，かつ複雑多岐に渡っており，トップが本務業務を遂行するために，精神的にも肉体的にも安定した状態に置かれていることは大切なことといえます。その基本的業務は，この三大業務に集約されています。

＊19　急な来客や電話などによる予定外の事項の処理を非定型業務とする分類法もある。（全国大学・短期大学実務教育協会編　前掲書，p.47）

＊20　2005年の日本各地での相次ぐ地震被害により，天災の際の緊急対応マニュアルの作成が各企業において進みつつある。

3　秘書の三大業務とそれを構成する12課業（job）との関連

秘書業務を大別すると，総務業務，情報管理業務，対人処理業務の3つのグループに分けて考えることができると述べましたが，実際にどのような課業で構成されているのか，ここではさらに実務レベルで詳しくみていきます。

3-1. 総務業務

第1の総務業務には，オフィス環境整備，スケジューリング，会議・会合の運営業務，出張業務，慶弔業務，会計事務，身辺の世話などがあります。これらの業務をトップ個人が行うことは不可能なことであり，秘書がこれらの業務を担当することにより，トップの本務業務の遂行を円滑化する役目を果たします。

　オフィス環境整備とは，トップの執務室（役員室），応接室，秘書室など
を適切に管理し，快適な環境をつくりだすことです。これらの部屋は独立し
ていることもあれば，1室にまとめてレイアウトされていることもあります。
秘書は可能な限り快適な環境をつくりだして，トップが思索，決裁，面談な
どに専念できるように努めなくてはなりません。また，来客との面談などの
際にオフィス環境の乱れによって，会社の品格を損なうことのないよう細部
にまで配慮しなければなりません。室内のレイアウト，インテリアの選択な
どは秘書の裁量にまかせられます。家具，備品，事務機器などは安全，能率，
防音などを考慮して配置します。これらの手入れも秘書の仕事となります。
日常の心がけとして，清掃，整頓はもとより，空調，照明，消耗品の補充，
カーテンやカバー類の定期的クリーニング，防災，戸締りなどに細かい気配
りをする必要があります。

　スケジューリングとは，トップのスケジュールを管理することです。トッ
プの毎日のスケジュールは，会議・会合，打合せ，書類の決裁，来客との面
談，訪問，出張，講演，接待，あるいは専門分野での活動等で多忙を極める
ことが多いのです。これらが重複せず，円滑に遂行され，しかも適度の余裕
とトップの休息を確保できるようにしなければなりません。スケジュール表
には，年間スケジュール表，月間スケジュール表，週間スケジュール表，当
日スケジュール表がありますが，秘書は通常の業務において週間スケジュー
ル表[21]を用いることが多いのです。

　年間スケジュール表は，入社式，創立記念日などの社内行事，株主総会，
取締役会などの定例会議，海外出張，社外の関係団体の定例会合などの向こ
う1年間の主なスケジュールを一覧し，1年間の長期スケジュールを計画す
る基本となるものです。年度はじめに発行し，関係部署に配布します。月間
スケジュール表は，月毎に会議，出張，面談などのスケジュールを概括的に
組んだもので，月単位の行動の流れを把握するためのものです。毎月末に翌
月分を作成し，関係部署に配布します。当日スケジュール表は出張の際など，
分刻みでトップの行動を計画する際に旅程表として作成します。また，秘書
室や秘書課のようなグループ秘書の形態をとっている場合，担当以外の役員
のスケジュールを把握できるようになれば，業務上役立つことが多いでしょ
う。したがって，全ての役員のスケジュールを一覧表にした役員スケジュー
ル一覧表を作成し，各秘書が携帯しておくことも付け加えておきます。

　スケジューリングの中で，秘書にとって注意を要するのがアポイントの取
り決めです。通常はアポイントの予約を行ったうえで，面会するのがビジネ
スの常識です。秘書はその申し込み，受付の窓口としてトップの予定の中へ
アポイントを，基本的には必ずトップの確認をとった後に，適切に組み込ま

*21　週間スケジュールを管理す
るにあたって，JMAM（日本能
率協会マネジメントセンター）の
能率手帳などを利用，あるいは役
員専用サイトを開設してスケ
ジュール管理を行っている場合も
ある。

なければなりません。スケジューリングは，予定を適切に組み込んでいくことだけではなく，それが予定どおり実行されるよう気を配ることも必要とします。しかし，現実には諸々の事情により予定の変更が頻繁に生じるため，秘書が臨機応変に対応していかなければなりません。その際は，相手方をはじめ，変更で影響のある関係者には速やかにお詫びと対応策の連絡をとることが必要です。

　会議・会合の運営業務とは，その準備から事後処理までを含む課業です。トップは組織全体あるいはその部署を代表して各種の会議・会合に出席する機会が多くなります。自らが責任者として会議・会合を招集，主催することもあります。その場合には，秘書は適切な会場の確保，通知状や案内状の作成・発送，出欠者のとりまとめ，出欠者名簿の作成，配布資料の準備にあたります。

　会議の当日には，会場の準備・管理，受付，案内，進行補佐，記録，飲食のサービス，連絡と取次ぎ，後片付けなどを担当します。会議終了後に，議事録を作成するのも秘書の仕事です。会合の場合は社交的性質が強く，祝賀会，懇親会など食事を共にするパーティ，宴会形式が多くなります。したがって，パーティの種類やマナーなどについての幅広い知識，楽しい雰囲気作りの工夫も必要となります。

　出張業務とは，その準備から事後処理までを必要とする課業です。トップの出張の目的として，商談，会議，会合，行事，視察，調査，訪問など様々なものが考えられます。秘書はその準備，随行または留守番，事後処理などの業務にあたります。企業などには出張旅費規程[22]があり，それにしたがって行います。準備としては，トップの意向を反映させた出張旅程表の作成，交通機関，宿泊先の手配，先方への連絡，出張旅費の会計課などへの請求手続き，必要資料の用意，社用車の手配，名刺の手配，必要な携行品の手配などがあります。

　日本の企業においては，男性秘書がトップの出張に随行し，女性秘書は留守番といったケースが多くみられましたが，企業によっては女性が随行するパターンもみられるようになってきました。留守番業務の場合には，留守中の代行責任者，注意事項などを聞いておく必要があります。トップの出張中は，日常業務の他，指示された業務があればそれを仕上げ，毎日の記録をとり，報告に備えます。さらに，平素手が回らない業務を片付け，自己研修[23]に充てることもあります。事後処理としては，関係者へのトップの帰着の連絡，トップへの留守中の報告，出張旅費の精算，出張報告書の作成，出張先への礼状の作成などがあります。

　慶弔業務とは，賀寿，結婚，昇進・栄転・就任，記念行事・式典等の慶事

＊22　各企業において，交通費，宿泊費，日当などの出張旅費規程が定められており，経営管理層の中でも役職において規定が細分化されている。

＊23　JMA（社団法人日本能率協会）マネジメントスクールが秘書教育の研修を行っており，秘書実務全般入門から実践までビジネススキルアップを目指している。

や，葬儀，法要等の弔事，いわゆる「冠婚葬祭」といわれる行事に対する課業であり，慶弔とはそれぞれに喜びや悲しみを表すことです。このような心配りは人間同士の付き合いに欠かせないものであり，企業などでは特に重要な要素となります。トップが企業の代表として，このような付き合いをするのも大切な役割の一つです。慶弔には，風習として定着したしきたりがあり，秘書はそれを熟知していなければなりません。特に，忌み言葉や贈物，服装に注意を要することがあります。慶弔は，単なる形式として行うのではなく，真心を表す手段としての意義を理解した上で行うことが大切です。

　秘書はトップに代わって，取引先など社内外関係者の慶弔情報を収集しなければなりません。トップに関係のある企業や個人の慶弔，病気，事故，災害，人事異動，叙勲，出版，業績などの情報を収集します。情報媒体は，新聞やインターネットをチェックします[24]。また，企業のネットワーク[25]により先方から電話やFAX等で情報を提供してくれることもあります。情報入手後，トップの指示を仰ぎ，その指示に従って，電報を打つ，社交用文書作成，金品の贈答，行事などへの出席など対応します。したがって，慶弔時の服装，しきたりなどの秘書の知識が必要となります。前例に従って対応することもあるため，慶弔を記録しておくことも重要です。社内での慶弔行事には，秘書が準備から当日の受付などの業務を担当することが多くなります。それぞれの場面にふさわしい応対や機敏な行動を心がけなければなりません。また，諸外国の企業との付き合いも考えられ，秘書にはプロトコール[26]についての知識も備えておくべきといえるでしょう。

　会計事務とは，秘書がトップの出張旅費，交際費，加入団体会費などの会計課などへの請求，精算，送金・振込等の実務を代行し，経費の管理・出納係の役目を果たすことです。会計伝票や稟議書，簿記などの知識を必要とします。また，確定申告の際にその手続きの手伝いをすることが考えられ，確定申告に関する知識も必要となります。

　身辺の世話は，各企業などの方針やトップの個人差などにより，その業務内容は一定しません。送迎，飲食の世話，持薬の用意，病院や理容の予約，私用の使い走りなど様々です。公私の区別を厳密につけるには難しい面もありますが，トップの雑務を代行・除去し，トップの時間を確保しているという面から考えると，これらは秘書の職務範囲と考えることができるでしょう。このような性質の業務も，トップの時間確保という面から捉えれば，秘書の自発的な行動力が必要となります。

3-2. 情報管理業務

　第2の情報管理業務には，文書管理（作成，発送，整理，保管など）や情報

*24　特に，企業関係のニュースや人事異動が掲載されているページ，死亡記事欄などは注意深く読む。（全国大学・短期大学実務教育協会編　前掲書，p.45）
*25　福岡では，七社会という地場企業のネットワークがあり，九州電力，九電工，西部ガス，福岡銀行，西日本シティ銀行，西日本鉄道，JR九州が九州財界の中心メンバーとなっている。この企業間において，情報のやりとりが頻繁に交わされている。

*26　一般に，プロトコールの水準は，当事者の人格を端的に表すものである。当事者が個人（自然人）であるか，法人（法的に人とみなされる団体，会社・学校など）であるか，あるいは任意団体（同好サークルなど）であるかに関係なく，社会的行動をとるときには，当事者の美意識やプライドが投影される。したがって，プロトコールを単なる儀礼としてとらえるのではなく，組織や上司の品格，信用などをPRするための広報手段として認識することも必要である。（西澤眞紀子　前掲書，p.87より）

の収集・処理などが考えられます。昨今，情報資料としての文書の他に，インターネットの機能を利用した電子メールなどIT化の進展に伴い，秘書の業務の内容も少しずつ変化し，役割の重要性が増してきたといえます。まず，文書は電話などと比較して，情報の即時性では劣る面もありますが，資料性，証拠性，廉価性では勝っています。電子メールは資料性，証拠性，廉価性，さらに即時性の面でも勝っている面があるでしょう。相手の状態や在・不在に関係なく通信文を送受信できます。しかし，電子メールはインターネットの機能を利用してのコミュニケーションツールであるため，万が一メールが正確に送受信できない場合も考えられ，業務上関係のない第三者に見られる危険性も否めません。重要な機密文書のやりとりは，電子メールを利用することを避け，文書を利用するほうがよいでしょう。秘書業務において，メールは社内外の簡単な事務連絡のツールなどとして利用されていることが多いのです。したがって，近い将来ペーパレス・オフィス（paperless office）の到来を予想する声も聞かれますが，文書が完全に姿を消すとは考えにくいと思われます。

　　文書管理とは文書を効率よく（正しく，安く，容易に，速く）管理することを目的とするものであり，そのために文書の様式や表現に様々な工夫がこらされ，能率向上のためのIT機器も数多く開発，導入されてきました。ここでは秘書業務に関連の深い部分について触れることにします。

・文書，資料の整理，保管

　　トップ宛の社内外からの様々な文書類，トップに代行して作成する文書類は毎日かなりの量になります。トップ宛に届いた文書は，基本的には私信を除いて秘書が全てを開封し，その中から必要なものを分類し，対応します。分類したものは，いつでも利用可能な状態にするために整理・保管し，不要になったものは破棄します。これは，必要な時即座に誰もが利用できるよう，組織的に行わなければなりません。その方法がファイリングシステムです。ファイリングの定義としてLoso & Agnew, *Clerical Office Practice* では"Filing is a system of arranging and storing business papers, cards, forms, catalogs, and other items in a neat, orderly, and efficient manner so that they may be readily located when they are wanted[*27]" と記載されています。要約すると，「ファイリングとは，書類，名刺，カタログ，その他の資料を必要なときにすぐに取り出せるよう，系統立てて，整理し，保管しておくこと」ということになるでしょう。ファイリングシステムにはいくつかの方法[*28]がありますが，頻繁に利用する用品や方法についての知識が必要となります。その他，新聞，雑誌，カタログ，名刺などには，それぞれに適切な整理・保管の方法や用品があるので，利用できるようにしておきます。

*27　Loso & Agnew, *Clerical Office Practice*, South Western Publishing, 1950年，p.287

*28　主な整理（分類）法には，相手先別整理法，主題（テーマ）別整理法，表題別整理法，一件別整理法，形式別整理法がある。（実務技能検定協会編『秘書検定試験＜完全独習＞準1級』早稲田教育出版，1999年，188ページを参考）

• 文書の作成，発送

　秘書はトップのために文書を作成し，トップの手数を省くことにより，トップの本務業務の専念に貢献します。トップの原稿，口述筆記などから文書を作成します。トップの指示やメモを頼りに秘書が文例などを参考にし，文書の原案を作成することもあります。現在は特殊な場合を除き，パソコンによる文書作成がほとんどです。文書にはそれぞれ一定の書式があるのでその知識を要し，パソコン操作に熟知していること，国語表現力や表記法を知ることが必要となります。さらに，トップから慶弔時に封筒の表書きを依頼されることが多々ありますので，ペンや毛筆の美しさも必要とされます。また，慶弔電報を利用することも多く，文例や利用方法の知識も備えておきたいところです。電報を打つときは，トップから文例の指定がない限り秘書にまかされることが多く，その時々にあった文例を参考にして作成します。

　文書を発送する時は，主に郵便を利用することが多く，郵便に関する知識は欠かせません。発送文書や同封物，発信数，宛先などに応じ，特殊取り扱いや割引制度などを適切に利用します。トップ宛に届く行事や会合などの案内状，招待状などの出欠の返信を出すことも秘書の仕事となります。国際化に伴い，外国との通信も少なくないので，英文レター，外国郵便などの知識も重要です。

　情報の収集・処理という課業は，多忙なトップに代わって，正確な情報のみ収集・提供・処理・保管することであり，秘書の重要な補佐の役割の一つです。現在の情報化社会において，情報過多の状態の中で，トップ自らが全ての情報収集・処理を行うことには限界があるからです。例えば，当日の新聞記事やパソコン検索，あるいは収集・保管しておいた文書の中から，その時々の必要に応じてトップの判断に役立つ情報を速やかに提供しなくてはなりません。その際に，必要な部分だけを取り出し，わかりやすくまとめるといった作業を中心に，図表化，グラフ化，場合により翻訳などに対応しなければなりません。

　秘書を中心とした情報の伝達と処理という観点からメカニズムを図解してみると，図 2 - 1 のようになると考えられます。

　情報は重要性，機密性，緊急性などの質的な面と，量的な面を併せ持ちます。情報が今，トップ A から秘書 A に与えられたとすれば，秘書 A はその量の中から質的に優先順位，機密性などを考慮し，それぞれの適切なメディアを選択して（あるいはトップの指示に従って）伝達します。さらに，伝達の際には正確性，迅速性，機密性，経済性を考慮しなければなりません。また，伝達を受ける側についてみてみると，秘書 B は伝達された情報をフィルター（filter）し，トップに伝達すべきもの，保管するもの，破棄すべきものなど

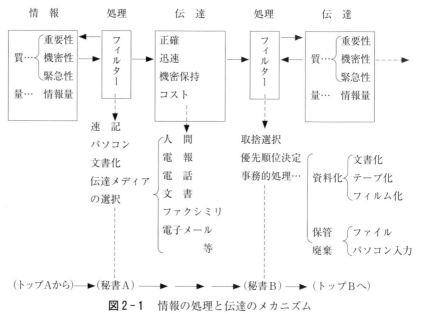

図2-1　情報の処理と伝達のメカニズム

出所：田中篤子『秘書の理論と実践』法律文化社，2002年，p.95を参考に作成

に分けます。そのままで保管できない情報は，文書化，テープ化，フィルム化，パソコン入力，切り抜きにしてスクラップブックに収集など資料化します。伝達の処理のパターンはこのように繰り返されていきますが，通常秘書は情報を発信する側の秘書Aと受信する側の秘書Bの二役を担うことになります。なお，この情報をフィルタリングする際，秘書の主観などが混じることのないよう注意しなければなりません。さらに，イギリスのプライベート・セクレタリーの研究書である *Secretaries, Management and Organizations* の中で，「秘書は，上役のコミュニケーション・ネットワーク（communication network）における門番（gatekeeper）の立場にあって，様々な管理業務を行い，上役のコミュニケーションをほぼ完全にコントロールする」との秘書の定義がなされています。いわば，日本における秘書も情報収集・処理における門番の役目を果たすことを期待されているのです。

3-3. 対人処理業務

　第3の対人処理業務には，来客応対，電話応対（発信，受信，取次ぎ，伝言など），社内外の連絡・調整などが含まれます。人間同士の接触を伴う業務であり，人間性に依存する業務だといえます。したがって，秘書の裁量が表れやすい面もあるでしょう。

　来客応対とは，客が企業などへ訪ねて来てから帰るまでの応接処遇のことであり，その内容は，受付，案内，茶菓のサービス，見送りなどです。来客

と直接に接する業務であるため，身だしなみ，マナー，言葉遣いなどが重要
です。来客は秘書から受ける印象を，企業やトップのイメージとして捉えて
しまうことがあるため，十分に注意を要します。ビジネスの常識として，ア
ポイントをとることが一般的ですが，新任や転任の挨拶の場合など，多くの
会社を訪問する際は，アポイントをとらないこともあります。予約のない来
客の場合は，用件を確認し，必要に応じてトップの判断を仰ぎ，面談を断る，
他の日時に出直してもらう，担当者にまわすなど適切に対応します。その際，
来客が時間を割いて足を運んできたことに対しての感謝を示すことも必要で
す。また，アポイントなしの来客の場合でも，必ずトップが応対すべき来客
や，役員不在の場合は秘書室受付が応対するなど，各企業により決まった方
針を設けているところもあります[29]。来客が重なった場合，トップの会議
中や不在中の来客，面談を強要する来客，長居の客の処置などの応対の仕方
を心得ておかなくてはなりません。これらには，その時々の判断力や臨機応
変な応対が必要で，経験が役立ちます。また，外国からの要人を応接する機
会も増えてきたため，秘書は来客を出迎える，用件を聞きとる，応接室に案
内する程度の語学力は持ち合わせておきたいところです。

　電話応対は，秘書の日常業務の中心的なものの一つであり，秘書の電話応
対により企業のレベルを判断できるという人もいるほど，重要な業務の一つ
です。また，電話応対の良否は，その秘書の評価を決定する要素にもなり得
ます。したがって，電話のかけ方・受け方の要領，マナー，通話の種類，
様々な電話サービスなどを知っておかなくてはなりません。トップの不在中
の応対においては，伝言メモを活用します。メモは，決まった様式を作成し
て利用するのが効率的です。電話の特徴は，声だけに頼るコミュニケーショ
ンツールであるという点であり，はっきりとした明るい声で，感じのよい言
葉で，要領よくわかりやすい会話を心がけなければなりません。平素から発
声の練習，話し方や敬語の使い方の勉強をするとよいでしょう。時には苦情
電話の処理，トップの都合による急な予定変更の先方への依頼など，秘書の
応対の仕方に表れる態度や人柄で相手の反応が変化します。このように，秘
書の教養，自己啓発の努力，パーソナリティが重視されるばかりか，来客応
対と同様，電話応対の際にも英語などの語学力の必要性を感じます。先方の
用件を聞きとる，先方を呼び出す，トップや担当者に取り次ぐ，伝言を受け
る程度の語学力が必要となります。トップに語学力が不足している場合は，
秘書の活躍領域も広がることでしょう。これからますます語学力の必要性を
感じることは想像に難くありません。国際通話の知識，電話における英語特
有の表現を知っておかなければならないでしょう。

　社内外の連絡・調整は，秘書が毎日絶えず行う業務の一つです。トップは

[29] ある企業では，前述の七社会の常務取締役以上が予約なしで来社した際でも，必ず役員が応対するか，役員不在の場合は秘書室受付が応対するという秘書室内での方針を設けている。

社内外の関係者と面談や電話などで折衝しなくてはならず，相互に連絡や協議を必要とします。すべてこのような場合に，トップと先方との間の調整役としての秘書は，相互の連絡が円滑に進むように潤滑油としての役割を果たさなければなりません。この点においても，秘書の教養，パーソナリティ，人間関係が大きな影響を及ぼすといえます。平素から自身の教養を高め，よい人間関係の開拓，維持に努めなくてはなりません。

4　秘書の三大業務と戦略的留意項目

　以上の検討を通して秘書の機能を定義し，秘書業務を3つに分類し，それを構成する12課業を実務レベルまで細分化して詳述してきました。秘書がトップの本務業務遂行のため補佐役としての役割を果たすには，まず秘書の機能を理解し，次にそれを実現する手段としての秘書業務，さらにそれを下位分類するそれぞれの課業を理解することが重要であることがわかりました。秘書業務を細分化して具体的に考察する中で，総務業務における国際化（globalization）の影響，情報管理業務における情報技術（information technology）の革新，さらに対人処理業務における国際化や動機付け理論と自己実現理論の深化などの変化が進行中です。これらの変化に対応して，秘書業務に求められている職能・業務・課業が変化しつつあることが判明しました。本章の目的は，これらの経営環境の変化に対応する秘書業務の戦略的留意項目を考察することでした。この結果，戦略的留意項目として，自らのトップに関する情報の熟知，機密保持の厳守，業務処理における優先順位の判断，業務処理における計画性，業務処理における原価意識，人間関係の重要性，経営感覚への意識，語学力，IT機器の知識の9つが明らかになりました。

自らのトップに関する情報の熟知　トップを補佐すると一口にいっても，その内容は必ずしも一定ではありません。トップの職務，秘書観，秘書使用歴，健康状態や体力，性格，趣味・嗜好などにより，トップが秘書に要求する補佐の内容，方法，程度などは各自異なります。したがって，最適に補佐するためには，十分にトップを知ることが必要条件となります。さらに，トップをよく理解することにより，トップのパーソナリティに対する親しみや尊敬が増せば，補佐にも一層の自発性，積極性が加わることが期待できるでしょう。

機密保持の厳守　秘書業務の特徴の一つは，企業やトップに関する機密事項に携わる点です。企業経営の意思決定に関わるトップの身辺で補佐業務に従事していれば，企業秘密やトップの個人的な事情などを知る機会も当然あり得ます。秘書は自分の知った機密を決して第三者に漏らしてはならないし，漏れないように万全の注意を払わなくてはなりません。企業などに入社する

と当然社員としての守秘義務が生じますが，秘書は他の社員よりも一層機密厳守に敏感でなければなりません。機密事項の漏洩により，企業に莫大な損害を与えかねないことは想像に難くありません。企業秘密に関しては，㊙文書の取り扱い方に関する知識はもちろんのこと，トップの動き，検討中の事項，稟議書の内容，未発表人事，トップの健康状態なども機密の注意事項の部類に含まれると考え，不用意に漏らさないよう注意すべきです。秘書の日常の僅かな不注意が，企業秘密の漏洩につながることを常に意識しておかなければなりません。社内外に関係なくいつどこにいようとも，あらゆる場所での会話や雑談において機密に関しての発言は避けます。昨今，顧客名簿の社外流出などの事件が多発していますが，企業活動における社内外の文書を社外に持ち出さないことも重要です。

業務処理における優先順位の判断　秘書は一日のうちに処理しなければならない仕事を数多く抱えており，そこへさらに新たな仕事が次々に舞い込んでくるため，優先順位の的確な判断が必要となります。複数のトップ，社外関係者，社内関係者より，時間帯，仕事の質・量など，遠慮会釈のない状態で集中的に集まってくることが多くなります。したがって，秘書はその効率的な処理方法を考え，優先順位を的確に判断し，迅速に実行しなければなりません。優先順位を決める判断基準は，トップの意向，内容の重要性，時間の制約，所要時間，仕事の能率化などによるものですが，状況に応じてどの基準で優先順位をつけるかを速やかに判断しなければなりません。秘書がトップとともに効率的に業務を進めるためには，トップの日頃の考え方を知り，仕事相互の関連性に留意し，時間を有効に使うことを心がけることが必要です。

業務処理における計画性　秘書業務の遂行には，正確性と迅速性の２つが共に要求されます。業務にあたる際は，事前に詳細を調べ，しっかりと計画を立てなければなりません。与えられた条件の中で最善の結果が出せるよう，前例なども参考にします。業務処理の方法，所要時間や経費，必要人数，結果，他への影響などについて比較，検討した上で着手する必要があります。業務を処理した後は，その結果を反省・吟味し，記録を正確に残し，次回に活かさなければなりません。経営学における経営管理活動の原理としてのマネジメント・サイクル（計画→実施→検討）を秘書業務において適用し，トップの最適化補佐に努めるべきでしょう。

業務処理における原価意識　企業のトップの責任は業績の向上がその重要な柱であり，経費節減はその一つの大きな要因となるため，補佐役である秘書もこのことを十分に理解し，自らの業務処理においてコストダウンを図らなくてはなりません。例えば，ある企業では，取締役会の資料をIT化し，秘書業務を効率化するとともに，経費節減に取り組んでいます。日常業務処理

の経費の中には，郵便，電報，電話などの割引制度を利用した場合のように，コストの差が正確に数字に表れてくるものもありますが，それほどはっきりしない，目に見えないような部分においても節減に努める必要があります。一例に過ぎませんが，コピーはまとめてとる，秘書だけが使用する文書などは裏紙を利用する，トップの執務室や応接室の照明や冷暖房はこまめに調節する，電話の時間と無駄を省くといったものが考えられます。このような心掛けは，秘書として当然備えているべきものでしょう。

人間関係の重要性　秘書は上役と社内外の関係者との間のパイプ役であり，潤滑油の役割を果たさなければならないため，よい人間関係を維持し続ける必要があります。トップと他の役職者，一般社員，社外関係者などとの間の連絡・調整，接遇などは全て人との接触を伴う作業です。また，同僚の秘書たちと協力して円滑に業務を遂行していかなければなりません。どの人ともよい人間関係を維持することは，円滑に業務を遂行し，トップの補佐を果たす上で欠かせません。そのためには，まず職場で十分なコミュニケーションをはかることが必要です。挨拶，笑顔，身だしなみ，マナー，敬語に注意することも大切であり，人から信頼される内面のパーソナリティも必要とされます。昨今，学校でのマナー教育偏重を危惧する声も聞かれます[*30]が，トップを補佐する秘書としての身だしなみやマナーは大変重要です。秘書がトップの補佐役を担う際，世界の常識やプロトコールの知識なしには，これから先務まらないでしょう。人間関係論や社会心理学の知識を身につけておきたいところです[*31]。

経営感覚への意識　秘書業務の遂行に必要な一般的な知識に加えて，秘書は自らのトップの本務に関して，ある程度の知識を備えておくべきでしょう。企業の経営層を補佐する秘書は，経営学，会計学，商法，民法，労働法，事務管理，国際情勢などについてのある程度の知識を必要とします。特に，日本的経営，マーケティング，人事労務管理などについて知っておきたいところです。政治，経済，社会への関心をもつことが重要です。また，情報通信技術革命がもたらした分権化の時代において，組織への帰属意識をもち，経営理念を理解し，一般社員に徹底していく裁量も必要とされます。これらの条件を有しない限り，トップが高度な業務を秘書にまかせる機会を逸してしまうことになりかねません。秘書というよりもマネージングアシスタント[*32]としての地位の確立が必要です。秘書としてのキャリア開発には，経営感覚を意識することが一つの重要な鍵となるでしょう。

語学力　秘書業務において，外国語とりわけ世界の共通語である英語に関する能力を要求する機会が増してきているのは明白だといえます。電話応対，来客応対，文書の受発信業務において，英語に接する機会が日常的に存在し

[*30]　村上哲大は『目的論的アプローチによる秘書理論』都市文化社・1996年の著書において，秘書教育の問題点として，マナー教育偏重を挙げている。

[*31]　短期大学等での秘書教育には，人間関係論や社会心理学がカリキュラムに組み込まれていることが多い。

[*32]　マネージングアシスタントへの第一歩は，担当役員の業務内容，担当部門内の管理職をはじめとしたキーパーソン情報，担当以外の役員と秘書の情報，役員が関心のある人物，趣味，嗜好，競合する会社と商品に関心を持ち，秘書としてのスキルを身につけることが必要である。（勝田忠雄・原田修・原田昌起『秘書室』日本能率協会マネジメントセンター，2002年，p.208を参考）

ます。特に，トップが他団体の役職を兼務し，名誉領事などの役職を担っていれば，語学力なしには業務の遂行は考えられません。まずは，業務に支障のない最低限の秘書英語の知識が必要です[33]。

IT 機器の知識　今や，電子機器による情報技術の飛躍的な普及により，高度情報化社会といわれる時代となりました。オフィスにおける IT 化は急速に進展し，パソコンなしにはビジネスはおろか日常生活も成り立たないほどです。オフィスの IT 化は定型的ないし標準的な業務の能率を向上化させます。例えば，文書作成の場合，会議の通知，同封する出欠の返信用フォーム，委任状などは，一度ハード・ディスクなどの記憶媒体に入力しておけば，日付，議題，その他必要な箇所を簡単に再入力し何度でも引き出して利用することが可能です。標準的な文書はパターン化し利用することにより，能率を上げることができます。IT 機器はいわば秘書にとってはペンやノートの延長であり，十分に使いこなせる技術が必要です。

　経営管理層も，総合的な経営管理能力のみならず技術面の知識なしには，この高度情報化社会に生き残ることはできないといわれます。しかし，トップの中には未だパソコンなどの IT 機器を使いこなせないという人も存在します。計画，実施，検討のマネジメント・サイクルも情報化され，LAN（Local Area Network 構内情報通信網）などのネットワーク化も行われる時，トップと一体感をもって IT 機器へのアクセスができ，意思決定の補佐をする高度の専門職や管理職の秘書は貴重な存在となるでしょう。

　ただし，一体感をもって情報処理にあたるということは，トップと同じ役割を果たすということではありません。秘書は，膨大な情報量から取捨選択し，情報を質的に管理してトップに提供するのであり，それをさらに選択し決定するのがトップの役割です。この操作過程において，秘書は参謀的な役割を果たし，ブレーン秘書[34]となります。さらに，これからは秘書が役員へ IT 教育を実施する機会をもつことも必要になってくると考えられ，今までの黒子的な秘書から脱する必要があるでしょう。秘書の職能，業務，課業は国際化や情報技術の発展，人間関係の処理の深化に対応して今後とも変化していくでしょう。これらの変化に対応する秘書業務のための留意項目について，先の時代においても戦略的であり得るか，今後とも検討していきたいと考えています。

[33]　秘書英語の習得には，社団法人日本秘書協会が主催する CBS（Certified Bilingual Secretary 国際秘書）検定試験を受験するのがよい。1979年から実施された民間の検定試験で，国際化に対応できる秘書が求められていることに応えるために，秘書として必要な日本語と英語の能力向上を目的とする。試験は2段階に分かれ，CBS プライマリー試験は，PART Ⅰ オフィス実務，PART Ⅱ ビジネス日本語，PART Ⅲ ビジネス英語が出題され，合格者は準 CBS（CBS Associate）として認定される。CBS ファイナル試験では，PART Ⅰ 秘書適性，秘書業務管理・レコードマネジメント，経営・会計・法律に関する知識，PART Ⅱ 秘書実務（インバスケット方式），PART Ⅲ 英文ビジネス文書に関する知識と応用，PART Ⅳ 日英両語による個人面接があり，合格者は CBS（Certified Bilingual Secretary）として認定される。

[34]　日本において，ブレーン秘書のような経営の高度化に伴う新しい秘書の育成や啓発を目的とした秘書の関係機関（社団法人日本秘書協会など）は存在するが，どのような秘書を目指していくのか，その定義は現在のところなされていない。アメリカの PSI（Professional Secretaries International 全米秘書協会，1998年以降は IAAP と改名）が1964年に秘書を次のように定義づけている。"….. an executive assistant who possesses a mastery of office skills, demonstrates the ability to assume responsibility without direct supervision, exercises initiative and judgment, and makes decisions within the scope of assigned authority."
〔（セクレタリーとは）事務技能についての専門知識をもち，指示や監督なくして責任をもって業務遂行にあたる能力を発揮し，イニシアティブと判断力を働かせ，しかも委譲された権限内で意思決定に携わる幹部補佐である〕IAAP（International Association of Administrative Professionals）は世界的なネットワークをもつ代表的な組織であり，プロフェッショナルな secretary の連帯や意識高揚をはかることを目標にしている。

第3章 秘書業務の現代的特徴と今後の課題
―広島におけるアンケート調査結果から

1 秘書の現代的特徴

1-1. 先行研究

先行研究として，秘書業務の実態をアンケートにより調査した井原・佐古・小山（1989）の研究があります。井原ら（1989）は，1987年から1988年にかけてアンケート調査を行い，企業における女性秘書の業務内容について考察しました。現在まかされている女性秘書の業務内容について質問し，「現在まかされている業務」と「まかされていない業務」について，雇用者あるいは管理者の意見を求め，特に「まかされていない業務」について今後の可能性をさぐり，大阪地区および福岡地区の2つの調査を比較・検討したものです。福岡地区は400社，大阪地区は248社に回答を求めました。有効回答件数は福岡地区61社，大阪地区は53社でした。

調査の結果としては，宴会の同席と国内外出張の随行については，大阪・福岡ともに半数が女性秘書にはまかせられないという見方で一致しています。しかし，会合の運営については，現在まかせているが50％以下ですが，女性秘書の能力向上により，90％までアップできるとみています。交際費の管理はまかされている度合いが高いですが，株主総会対策については約40％，庶務業務のトラブル応対については約30％強が大阪・福岡ともに共通して，女性には無理とみています。重要文書の処理管理や慶弔の式場運営においては，大阪がほとんどまかせている状態であり，福岡の実態とかなりの違いがあります。さらに，業種別でみてみると，両地区とも金融機関関係に女性であるがゆえにまかせられないという意識が若干他業種よりも高い傾向にあります。

この研究は，男性秘書と女性秘書の業務を比較・検討したものですが，調査の着手時点では，一般的に秘書業務の性別における差違は縮小しているのではないかという仮説を想定していました。しかし，井原・佐古・小山（1989）が指摘するように，一般的動向よりも，業種別での差異の現れ方の違いに注目すべきではないかと，考えるようになりました。

1-2. 秘書の現代的特徴

本章では，秘書業務の中でも「来客の応対」と「情報の管理」に焦点を絞り，業務の実態と意識の変化について，調査することとしました。2012年1

月〜 3 月にかけて広島県の企業や医療法人に秘書に相当する者はいるかランダムに調査したところ，135社中「相当する者はいる」が60件，「いない」が75件でした。そこで，本章では秘書に相当する者がいる60件における業務の実態や意識の変化についてみていきます[*35]。

　まず，業種ですが，医療が34件で56.7％，金融が11件で18.3％，その他の企業[*36]が15件で25％でした。医療における秘書が34件で56.7％と半数以上を占めており，残り26件の43.3％が企業における秘書という割合となりました。したがって，回答件数の多い医療，金融，その他の企業という 3 つの業種における秘書の実態を検討することとします。

　秘書の勤務形態をみてみると，正社員が50件で83.3％，非正社員[*37]が10件で16.7％でした。 8 割以上の秘書が正社員として勤務している状況です。業種別に秘書の勤務形態をみてみると，医療では正社員が26件で76.5％，非正社員は 8 件で23.5％，金融は正社員が10件で90.9％，非正社員[*38]は 1 件で9.1％，その他の企業は正社員が14件で93.3％，非正社員[*39]が 1 件で6.7％でした。金融を含めた企業に勤務している秘書は 9 割が正社員です。企業の秘書と比較して，非正社員の割合が多かった医療の勤務形態を詳細にみてみると，契約社員が 3 件で8.8％，嘱託が 2 件で5.9％，派遣社員が 1 件で2.9％，パートが 2 件で5.9％でした。医療秘書の勤務形態が多様化していることがわかります。

*35　本研究は，秘書業務の変化を調査するという目的であるため，企業の場合は勤続 5 年以上，医療の場合は 2 年以上の方に回答してもらうように依頼した。企業の選定においては，公開されている広島県の企業・医療機関名簿からランダムに送付したものである。

*36　その他の企業とは，サービスが 5 件で8.3％，卸・商社が 3 件で5.0％，製造業が 2 件で3.3％，運輸業が 2 件で3.3％，建設業とデパート・スーパー，マスコミがそれぞれ 1 件で1.7％である。

*37　詳細をみてみると，契約社員が 4 件で6.7％，嘱託が 2 件で3.3％，派遣社員が 2 件で3.3％，パートが 2 件で3.3％という結果であった。

*38　金融の非正社員は契約社員 1 件で9.1％である。

*39　その他の企業の非正社員は，デパート・スーパーの 1 件で6.7％である。

表 3 - 1　業種別にみる秘書の勤務形態

	正社員	非正社員	計
医　療	26 (76.5)	8 (23.5)	34
金　融	10 (90.9)	1 (9.1)	11
その他	14 (93.3)	1 (6.7)	15
計（件数） （％）	50 (83.3)	10 (16.7)	60

　どのような形態で上役を補佐しているかを調査したところ，欧米などの企業に多くみられる上役個人につく「個人付き秘書」が11件で18.33％，日本の大企業に多く，秘書室や秘書課に所属してグループ単位で上役を補佐する「グループ秘書」が12件で20.0％，総務部や人事部などに所属し，所属部門の仕事と上役の補佐という秘書の仕事を兼務する「兼務型秘書」が35件で58.3％，「チームつき秘書」が 1 件で1.7％，「その他」が 1 件で1.7％でした。この広島県での調査においては，兼務型秘書が 5 割を占めていることが確認

できました。広島県だけではなく中小企業が99.7％を占めるわが国では，「兼
務型秘書」が多いのではと推測されます。この補佐の形態を業種別でみてみ
ると，医療では「兼務型秘書」が19件で59.4％，「個人付き秘書」が7件で
21.9％，「グループ秘書」が6件で18.8％でした。金融は「グループ秘書」が
5件で45.5％，「個人付き秘書」が3件で27.3％[40]，「兼務型秘書」が3件で
27.3％でした。その他の企業は，「兼務型秘書」が13件で76.5％，「個人つき
秘書」が1件で5.9％，「グループ秘書」が1件で5.9％，「チーム付き秘書」
が1件で5.9％，「その他」が1件で5.9％でした。その他の企業では，「兼務
型秘書」が7割以上，医療では半数以上を占め，金融では「グループ秘書」
の形態が多いのです。以上のことから小括として，医療では「兼務型秘書」
と「個人つき秘書」がやや多く，金融では「グループ秘書」が多く，その他
の企業では「兼務型秘書」が多いことがわかりました。この結果は，企業の
規模や従業員数にも関係があると推測できます。一般に，大企業では役員の
人数が多いため，秘書室や秘書課があり，グループで役員の補佐をする「グ
ループ秘書」の形態が多くなります。一方，中小企業では，比較的役員の数
が少ないため，秘書室や秘書課がなく，人事部や総務部などに所属している
社員が，社長などの役員の秘書業務を兼務している「兼務型秘書」の形態が
多くとられています。なお，医療において「個人つき秘書」が2割程度いる
のは，院長秘書や理事長秘書などにつく場合があるものと考えます。

*40 金融において，個人つき秘書が3割弱いるのは，今後インタビュー調査などの検証が必要であるものと思われる。

表3-2 業種別にみる上役の補佐の形態

	個人つき	グループ	兼務型	チームつき	その他	計
医　療	7 (21.9)	6 (18.8)	19 (59.4)	0 (0)	0 (0)	32
金　融	3 (27.3)	5 (45.5)	3 (27.3)	0 (0)	0 (0)	11
その他	1 (5.9)	1 (5.9)	13 (76.5)	1 (5.9)	1 (5.9)	17
計（件数） （％）	11 (18.33)	12 (20.0)	35 (58.3)	1 (1.7)	1 (1.7)	60

　従業員数でみてみると，100人未満が9件で15.0％，100～300人未満が18
件で30.0％，300～500人が13件で21.7％，500～1,000人が6件で10.0％，1,000
人以上が14件で23.3％となっています。従業員数を業種別にみてみると，医
療では100人未満が4件で11.8％，100～300人が12件で35.3％，300～500人が
11件で32.4％，500～1,000人が3件で8.9％，1,000人以上が4件で11.8％でし
た。医療機関の中でも規模の大きな医療機関が多いですが，企業規模に置き
換えると中小規模となるでしょう。金融では，100～300人が1件で9.1％，

300〜500人が2件で18.2％，500〜1,000人が2件で18.2％，1,000人以上が6件で54.5％であり，大企業が多いのです。その他の企業は，100人未満が5件で33.3％，100〜300人が5件で33.3％，500〜1,000人が1件で6.7％，1,000人以上が4件で26.7％でした。その他の企業では，中小企業が多く，業種別に従業員数をみてみると，表3-2の上役の補佐の形態と関連がみてとれます。

表3-3　業種別にみる従業員数

	100人未満	100〜300人未満	300〜500人未満	500〜1,000人未満	1,000人以上	計
医　療	4 (11.8)	12 (35.3)	11 (32.4)	3 (8.9)	4 (11.8)	34
金　融	0 (0)	1 (9.1)	2 (18.2)	2 (18.2)	6 (54.5)	11
その他	5 (33.3)	5 (33.3)	0 (0)	1 (6.7)	4 (26.7)	15
計（件数） （％）	9 (15.0)	18 (30.0)	13 (21.7)	6 (10.0)	14 (23.3)	60

　回答者の性別は，男性が26件で43.3％，女性が34件で56.7％であり，女性の秘書からの回答が半数以上を占めています。業種別にみてみると，医療では男性が12件で35.3％[41]，女性が22件で64.7％，金融では男性が4件で36.4％，女性が7件で63.6％，その他の企業では男性が10件で66.7％，女性が5件で33.3％でした。その他の企業では男性が多く，医療や金融においても3割の秘書が男性です[42]。一般に，欧米では99％の秘書が女性であり，日本では男女の比率は1対3です。比較的日本で男性秘書の比率が高いのは，秘書室や秘書課というグループ組織において，男性と女性の役割分業があったからです。日本的経営という特殊な体質により，接待や上役の随行など男性でなければ務まらないとされていた業務があり，女性は男性の補助的な存在におかれることが多かったといえます。この男女の役割分業は，1986年の男女雇用機会均等法の施行などにより，女性が管理職に昇進する割合もわず

*41　医療において，男性の秘書が3割程度回答しているのは，大変興味深い点であり，事務部門の管理職が回答しているものと推測できる。それは，回答者の年齢からも推測可能であるが，医療では50代の秘書が3割弱存在していることと関係しているものと思われる。

*42　秘書室や秘書課がある大企業においては，秘書室長や秘書課長など役付に男性が就く場合も多いと考えられ，対外的な業務にも随行するなど男性秘書が一定数存在しているものと思われる。

表3-4　業種別にみる秘書の性別

	男性	女性	計
医　療	12 (35.3)	22 (64.7)	34
金　融	4 (36.4)	7 (63.6)	11
その他	10 (66.7)	5 (33.3)	15
計（件数） （％）	26 (43.3)	34 (56.7)	60

かではあるが高くなり，キャリア志向の女性が増え，徐々に改善しつつあります。男性と同様に，ブレーン秘書とよばれる者がこれから先増えていくものと思います。

　秘書の年齢は，30代が25件で41.7％と一番多く，続いて50代以上が16件で26.7％，40代が13件で21.7％，20代が6件で10.0％であり，10代の秘書はいませんでした。業種別にみてみると，医療では30代が16件で47.1％と最も多く，次いで50代が10件で29.4％，40代が4件で11.8％，20代が4件で11.8％でした。50代以上の秘書も3割弱勤務しており，比較的年配の秘書が多いことが分かりました。医療の現場では，現場経験と医療事務や医療秘書などの専門知識が求められるため，勤務経験のあるベテランの秘書が求められているのではないかと考えます。また，事務部門の管理職が回答している場合も考えられるでしょう。金融では30代が6件で54.5％，40代が3件で27.3％，20代が2件で18.2％であり，30代の秘書が半数を占めています。その他の企業では，50代以上が6件で40.0％，40代が6件で40.0％，30代が3件で20.0％でした。その他の企業では，年配の秘書が多く，役に就いている可能性が考えられ，性別を業種別にみた表3-4と関連がみてとれます。

表3-5　業種別にみる秘書の年齢

	10代	20代	30代	40代	50代以上	計
医　療	0 (0)	4 (11.8)	16 (47.1)	4 (11.8)	10 (29.4)	34
金　融	0 (0)	2 (18.2)	6 (54.5)	3 (27.3)	0 (0)	11
その他	0 (0)	2 (18.2)	3 (20.0)	6 (40.0)	6 (40.0)	15
計（件数） （％）	0 (0)	6 (10.0)	25 (41.6)	13 (21.7)	16 (26.7)	60

2　来客応対における業務の変化

2-1. 言葉遣いや身だしなみにおける意識の変化

　本章では，秘書業務の中でも「来客の応対」と「情報の管理」に焦点を絞り，秘書の業務や意識に変化が表れていないか調査しました[43]。〈応対の際の言葉遣い〉において，丁寧語・尊敬語・謙譲語を正しく使い分けているか確認したところ，そうしているが25件で41.7％，ややそうしているが30件で50.0％，あまりしていないが2件で3.3％，していないは0件であり，9割以上の秘書が正しく使い分けていると回答しています。応対の基本となる言葉遣いには，先方に失礼のないよう気を配っていることが分かります。

[43] 秘書業務の実態や意識に関するアンケートにおいて，職場にない業務等，回答しにくい項目がある場合は，回答不要としたため，各アンケートの総数が異なっている。

　ところが，基本的な敬語表現であれば，丁寧語・尊敬語・謙譲語を厳密に使い分ける必要はなくなってきたと思うかを質問したところ，「そう思う」が4件で6.7％，「ややそう思う」が26件で45.6％，「あまり思わない」が19件で33.7％，「思わない」が8件で14.0％でした。半数以上の秘書が，「そう思う」「ややそう思う」と回答しています。業種別にみてみると，医療では「そう思う」が2件で6.1％，「ややそう思う」が13件で39.4％，「あまり思わない」が13件で39.4％，「思わない」が5件で15.2％であり，5割以上の秘書は厳密に使い分ける必要があると回答しています。昨今，モンスターペイシェントの出現が問題となっていることもあり，患者さまと呼ぶ医療機関も出てくるなど応対には気を配っている医療の現状が表れているのではないでしょうか。金融では，「ややそう思う」が6件で66.7％，「あまり思わない」が3件で33.3％でした。6割以上の秘書が厳密に使い分ける必要はなくなってきたと思うと回答しています。その他の企業では，「そう思う」が2件で13.3％，「ややそう思う」が7件で46.7％，「あまり思わない」が3件で20.0％，「思わない」が3件で20.0％でした。つまり，金融やその他の企業では6割以上の秘書が，3種類の敬語を厳密に使い分ける必要がなくなってきたと思うと回答しており，金融やその他の企業における秘書の意識の変化がみてとれる結果となりました。以上のことから小括として，秘書の言葉遣いでは，「敬語の使い分け」が望ましいと評価しているものの実際には，その厳密な使い分けは，金融やその他の企業において必ずしも必要ではなくなってきていると回答しており，企業における秘書の意識の変化がみられました。

表3-6　丁寧語・尊敬語・謙譲語を使い分ける必要はなくなってきたと思う（業種別）

	そう思う	ややそう思う	あまり思わない	思わない	計
医　療	2 (6.1)	13 (39.4)	13 (39.4)	5 (15.2)	33
金　融	0 (0)	6 (66.7)	3 (33.3)	0 (0)	9
その他	2 (13.3)	7 (46.7)	3 (20.0)	3 (20.0)	15
計（件数） （％）	4 (7.0)	26 (45.6)	19 (33.3)	8 (14.0)	57

　次に，〈身だしなみ〉についての秘書の意識ですが，身だしなみは現代の実情として，秘書のテキスト等とは異なり，自由さが大きいと思うか質問したところ，「そう思う」が4件で7.8％，「ややそう思う」が24件で47.1％，「あまり思わない」が14件で27.5％，「思わない」が9件で17.6％という結果でした。業種別にみてみると，医療では「そう思う」が2件で6.7％，「やや

そう思う」が18件で60.0％，「あまり思わない」が５件で16.7％，「思わない」が５件で16.7％でした。医療では，６割以上の秘書がやや自由さが大きくなってきていると回答していることが分かりました。

　金融では，「そう思う」が１件で11.1％，「ややそう思う」が３件で33.3％，「あまり思わない」が３件で33.3％，「思わない」が２件で22.2％でした。金融では半数以上の秘書が「あまり思わない」「思わない」と回答しています。その他の企業では，「そう思う」が１件で8.3％，「ややそう思う」が３件で25.0％，「あまり思わない」が６件で50.0％，「思わない」が２件で16.7％でした。やはり，その他の企業でも半数以上の秘書が「あまり思わない」「思わない」と回答しています。医療においては，身だしなみにおける自由さが大きく，金融やその他の企業では比較的身だしなみに厳しく，自由さがあまりないことが推測されます。

表３-７　身だしなみは現代の実情として，秘書のテキスト等とは異なり，自由さが大きいと思う（業種別）

	そう思う	ややそう思う	あまり思わない	思わない	計
医　療	2 (6.7)	18 (60.0)	5 (16.7)	5 (16.7)	30
金　融	1 (11.1)	3 (33.3)	3 (33.3)	2 (22.2)	9
その他	1 (8.3)	3 (25.0)	6 (50.0)	2 (16.7)	12
計（件数） （％）	4 (7.8)	24 (47.1)	14 (27.5)	9 (17.6)	51

*44　勤務中の制服について，女性秘書に回答を求めたが，男性秘書が回答しているものが含まれているものと思われる。本調査の女性の総数は34名である。

　さらに，勤務中の服装について女性秘書に確認した[*44]ところ，医療では制服が19件で82.6％，私服が４件で17.4％でした。医療では，８割以上の秘書が制服を着用して勤務しており，衛生上の問題があるものと思われます。金融では，制服が４件で57.1％，私服が３件で42.9％でした。金融機関の窓口においては，私服化が浸透している印象がありますが，秘書室や秘書課がある大企業が多く，スタッフ部門で働く秘書は４割程度が制服で勤務していることが分かります。その他の企業では，制服が２件で22.2％，私服が７件で77.8％であり，その他の企業で私服化が進んでいます。私服で勤務する秘書が多い反面，身だしなみには自由度がなく，非常に気を配っていることが分かります。また，表３-８においては，カイ二乗検定を行ったところ，χ^2＝29.2，f＝2，29.2＞9.21となり，（危険率１％水準）有意差があるといえる結果となりました。

　以上の検討から，秘書の身だしなみについては，医療において自由さが大きくなってきており，金融やその他の企業では比較的身だしなみに厳しく，

自由さがあまりないことが分かりました。勤務中の服装については，医療では8割以上の秘書が制服で勤務しており，金融では5割以上の秘書が制服で勤務しています。これに対して，その他の企業では私服化が進んでいます。比較すると，金融業で身だしなみに厳しい現状がみてとれる結果となりました。

表3-8　勤務中の服装（女性回答・業種別）

	制服	私服	計
医　療	19 (82.6)	4 (17.4)	23
金　融	4 (57.1)	3 (42.9)	7
その他	2 (22.2)	7 (77.8)	9
計（件数）(%)	25 (64.1)	14 (35.9)	39

2-2. 名刺の取り扱いや茶菓接待における業務の変化

　来客の応対において，名刺を受け取る際や名刺交換の際は，両手で受け取るのが基本であるが，実情はどうか調査したところ，「そうしている」が47件で78.3%，「ややそうしている」が8件で13.3%，「あまりしていない」が3件で5.0%でした。ビジネスにおいて，相手の分身ともいえる名刺を受け取る際は，両手で行うのが基本であるというマナーは，現代においても変わりがないようです。

　ところが，名刺を交換する際は，同時に交換する（右手で自分の名刺を差し出し，左手で相手の名刺を受け取る）のか確認したところ，「そうしている」が24件で51.1%，「ややそうしている」が9件で19.1%，「あまりしていない」が6件で12.8%，「していない」が8件で17.0%でした。業種別にみてみると，医療では「そうしている」が11件で42.3%，「ややそうしている」が7件で

表3-9　名刺交換をする際は，同時に交換する[45]（業種別）

	そうしている	ややそうしている	あまりしていない	していない	計
医　療	11 (42.3)	7 (26.9)	4 (15.4)	4 (15.4)	26
金　融	5 (71.4)	0 (0) —	1 (14.3)	1 (14.3)	7
その他	8 (57.1)	2 (14.3)	1 (7.1)	3 (21.4)	14
計（件数）(%)	24 (51.1)	9 (19.1)	6 (12.8)	8 (17.0)	47

[45] 同時交換とは，右手で自分の名刺を差し出し，左手で相手の名刺を受け取ること。

26.9％，「あまりしていない」が４件で15.4％，「していない」が４件で15.4％でした。金融では，「そうしている」が５件で71.4％，「あまりしていない」が，１件で14.3％，「していない」が１件で14.3％でした。医療では６割，金融では７割以上の秘書が同時交換しています。その他の企業では，「そうしている」が８件で57.1％，「ややそうしている」が２件で14.3％，「あまりしていない」が１件で7.1％，「していない」が３件で21.4％でした。その他の企業においても７割以上の秘書が同時交換をしており，どの業種においても名刺の同時交換が主流になっています。

　さらに，茶菓接待において，急須を用いて茶葉から入れるのか，ペットボトルやお茶・コーヒーなどのサーバーを利用するのかを調査しました。茶菓接待において，急須を用いて茶葉から入れるのかを業種別にみてみると，医療では「している」が18件で62.1％，「していない」が11件で37.9％でした。金融では「している」が８件で88.9％，「していない」が１件で11.1％でした。金融では９割弱の秘書がお茶を出す際，茶葉から入れています。その他の企業では，「している」が９件で60.0％，「していない」が６件で40.0％でした。医療とその他の企業では，約６割の秘書が茶葉から入れて接待していますが，約４割の秘書が茶葉から入れていないことが分かりました。

表 3 - 10　茶菓接待は急須を用いて
　　　　　　茶葉から入れる（業種別）

	している	していない	計
医　療	18 (62.1)	11 (37.9)	29
金　融	8 (88.9)	1 (11.1)	9
その他	9 (60.0)	6 (40.0)	15
計（件数） （％）	35 (66.0)	18 (34.0)	53

表 3 - 11　ペットボトル，お茶やコーヒー
　　　　　　のサーバーがあるので，それ
　　　　　　を利用している（業種別）

	している	していない	計
医　療	15 (50.0)	15 (50.0)	30
金　融	4 (44.4)	5 (55.6)	9
その他	8 (57.1)	6 (42.9)	14
計（件数） （％）	27 (50.9)	26 (49.1)	53

　ペットボトルやお茶・コーヒーなどのサーバーがあるので，それを利用しているのか業種別に調査したところ，医療では「している」が15件で50.0％，「していない」が15件で50.0％でした。医療機関では，半数の秘書がペットボトルやサーバーを利用して，来客を接待している場合もあることがわかりました。金融では，「している」が４件で44.4％，「していない」が５件で55.6％でした。その他の企業では，「している」が８件で57.1％，「していない」が６件で42.9％でした。医療とその他の企業では，半数以上の秘書が，ペットボトルやお茶・コーヒーのサーバーを利用して，来客を接待している

場合もあることがわかりました。

　以上の検討から，名刺を交換する際は，どの業種においても同時交換が主流になってきていることが分かりました。また，金融では，お茶を入れる際，9割近くの秘書が茶葉から入れると回答していました。医療やその他の一般企業では，お茶・コーヒーなどのサーバーを半数の秘書が利用し，応対していることが分かりました。

3　情報管理における業務の変化

3-1. スケジュール管理

　情報の管理における業務に変化がないか調査するため，「スケジュール管理」と「名刺の管理」に焦点を絞って，研究を進めました。まず，スケジュール管理はスケジュール帳を用いて紙ベースで行っている秘書が多いのか調査したところ，医療では「多い」が4件で19.0％，「やや多い」が6件で28.6％，「あまり多くない」が6件で28.6％，「多くない」が5件で23.8％でした。若干の差であるが，紙ベースでスケジュール管理をする秘書は半数以下となっています。金融では，「多い」が2件で25.0％，「やや多い」が2件で25.0％，「あまり多くない」が2件で25.0％，「多くない」が2件で25.0でした。ちょうど半数の秘書が，紙ベースでスケジュール管理を行っています。その他の企業では，「多い」が1件で6.7％，「やや多い」が5件で33.3％，「あまり多くない」が3件で20.0％，「多くない」が6件で40.0％でした。その他の企業では，比較的紙離れが進んでいるようです。

表3-12　スケジュール管理はスケジュール帳を用いて紙ベースで行っている（業種別）

	多い	やや多い	あまり多くない	多くない	計
医　療	4 (19.0)	6 (28.6)	6 (28.6)	5 (23.8)	21
金　融	2 (25.0)	2 (25.0)	2 (25.0)	2 (25.0)	8
その他	1 (6.7)	5 (33.3)	3 (20.0)	6 (40.0)	15
計（件数） （％）	7 (15.9)	13 (29.5)	11 (25.0)	13 (29.5)	44

　さらに，現在，スケジュール管理は専用ソフトを用いてパソコン上で行っている秘書が多いか確認したところ，医療では「多い」が8件で36.4％，「やや多い」が3件で13.6％，「あまり多くない」が7件で31.8％，「多くない」が4件で18.2％でした。半数の秘書が，スケジュールを管理する際，パソコン上で行っているようです。金融では，「多い」が1件で12.5％，「やや多い」

が3件で37.5%,「あまり多くない」が2件で25.0%,「多くない」が2件で25.0でした。ちょうど半数の秘書が,スケジュール管理をパソコン上で行っており,表3‐12の結果と一致しています。その他の企業では,「多い」が7件で50.0%,「やや多い」が4件で28.6%,「あまり多くない」が3件で21.4%,「多くない」は回答者がいませんでした。その他の企業では8割弱の秘書が,スケジュール管理をパソコン上で行っており,IT化が進んでいるようです。

表3‐13 スケジュール管理は専用ソフトを用いてパソコン上で行っている（業種別）

	多い	やや多い	あまり多くない	多くない	計
医 療	8 (36.4)	3 (13.6)	7 (31.8)	4 (18.2)	22
金 融	1 (12.5)	3 (37.5)	2 (25.0)	2 (25.0)	8
その他	7 (50.0)	4 (28.6)	3 (21.4)	0 (0)	14
計（件数） （％）	16 (36.4)	10 (22.7)	12 (27.3)	6 (13.6)	44

3‐2. 名刺の管理

　現在,名刺を管理する際は,名刺整理箱や名刺整理簿を利用している秘書が多いか調査したところ,医療では「多い」が4件で20.0%,「やや多い」が7件で35.0%,「あまり多くない」が5件で25.0%,「多くない」が4件で20%でした。医療では,半数以上の秘書が名刺を管理する際は,名刺整理箱や名刺整理簿を利用しています。金融では,「多い」が1件で16.7%,「やや多い」が3件で50.0%,「あまり多くない」が2件で33.3%でした。その他の企業では,「多い」が6件で46.2%,「やや多い」が4件で30.8%,「あまり多くない」が2件で15.4%,「多くない」が1件で7.7%でした。金融では6割以上,その他の企業では7割以上の秘書が名刺整理箱や名刺整理簿を利用し

表3‐14 名刺を管理する際は,名刺整理箱や名刺整理簿を利用している（業種別）

	多い	やや多い	あまり多くない	多くない	計
医 療	4 (20.0)	7 (35.0)	5 (25.0)	4 (20.0)	20
金 融	1 (16.7)	3 (50.0)	2 (33.3)	0 (0)	6
その他	6 (46.2)	4 (30.8)	2 (15.4)	1 (7.7)	13
計（件数） （％）	11 (28.2)	14 (35.9)	9 (23.1)	5 (12.8)	39

ており，名刺の整理に関しては，IT化が進んでいないようです。

　そこで，現在，名刺を管理する際は，名刺読み取りソフト等を用いて，パソコン上で管理している秘書が多いのか再確認したところ，医療では「多い」が2件で10.5％，「やや多い」が2件で10.5％，「あまり多くない」が7件で36.8％，「多くない」が8件で42.1％でした。金融では「多い」が2件で25.0％，「やや多い」が2件で25.0％，「あまり多くない」が1件で12.5％，「多くない」が3件で37.5％でした。金融では，半数の秘書が名刺読み取りソフト等を用いて，パソコン上で名刺を管理しています。その他の企業においては，「多い」が1件で8.3％，「やや多い」が0件，「あまり多くない」が5件で41.7％，「多くない」が6件で50.0％でした。表3–14の結果と若干の差はありますが，ほぼ一致しています。名刺を管理する際，金融の秘書は半数がパソコン上で管理しており，名刺整理箱や名刺整理簿を併用しています。医療やその他の企業では，名刺整理箱や名刺整理簿を利用している秘書が多いことがわかりました。

表3-15　名刺を管理する際は，名刺読み取りソフト等を用いて，パソコン上で管理している（業種別）

	多い	やや多い	あまり多くない	多くない	計
医　療	2 (10.5)	2 (10.5)	7 (36.8)	8 (42.1)	19
金　融	2 (25.0)	2 (25.0)	1 (12.5)	3 (37.5)	8
その他	1 (8.3)	0 (0)	5 (41.7)	6 (50.0)	12
計（件数） （％）	5 (12.8)	4 (10.3)	13 (33.3)	17 (43.6)	39

　さらに，現在，企業・病院の概要や人物について調べる際は，会社四季報や役員四季報等の書籍を利用している秘書が多いかどうか質問したところ，医療では「多い」が2件で9.5％，「やや多い」が1件で4.8％，「あまり多くない」が6件で28.6％，「多くない」が12件で57.1％でした。金融では，「多い」が0件，「やや多い」が1件で14.3％，「あまり多くない」が3件で42.9％，「多くない」が3件で42.9％でした。その他の企業では，「多い」が2件で15.4％，「やや多い」が3件で23.1％，「あまり多くない」が6件で46.2％，「多くない」が2件で15.4％でした。医療と金融では8割以上，その他の企業では6割以上の秘書が，企業・病院の概要や人物について調べる際は，書籍を利用することは少ないという結果が出ています。

表3-16　企業・病院の概要や人物について調べる際は，会社四季報や役員四季報等の書籍を利用している（業種別）

	多い	やや多い	あまり多くない	多くない	計
医　療	2 (9.5)	1 (4.8)	6 (28.6)	12 (57.1)	21
金　融	0 (0)	1 (14.3)	3 (42.9)	3 (42.9)	7
その他	2 (15.4)	3 (23.1)	6 (46.2)	2 (15.4)	13
計（件数） （%）	4 (9.8)	5 (12.2)	15 (36.9)	17 (41.5)	41

　そこで，現在，企業・病院の概要や人物について調べる際は，企業や病院のホームページや日経テレコン等を用いて，インターネットを利用している秘書が多いか再確認しました。医療では，「多い」が9件で36.0%，「やや多い」が10件で40.0%，「あまり多くない」が4件で16.0%，「多くない」が2件で8.0%でした。金融では，「多い」が5件で62.5%，「やや多い」が2件で25.0%，「あまり多くない」が0件，「多くない」が1件で12.5%でした。その他の企業では，「多い」が7件で46.7%，「やや多い」が8件で53.3%，「あまり多くない」と「多くない」は0件でした。情報を調べる際は，インターネットを利用することが主流になってきています。

　以上の検討から，スケジュールを管理する際は，医療とその他の企業ではパソコン上で管理することが主流になってきており，金融では紙ベースで行う秘書とパソコン上で管理する秘書と半々でした。名刺の管理においては，どの業種においても，名刺整理箱や名刺整理簿を利用していますが，情報を調べる際は，インターネットを利用することが主流になってきています。

表3-17　企業・病院の概要や人物について調べる際は，企業や病院のホームページや日経テレコン等を用いて，インターネットを利用している（業種別）

	多い	やや多い	あまり多くない	多くない	計
医　療	9 (36.0)	10 (40.0)	4 (16.0)	2 (8.0)	25
金　融	5 (62.5)	2 (25.0)	0 (0)	1 (12.5)	8
その他	7 (46.7)	8 (53.3)	0 (0)	0 (0)	15
計（件数） （%）	21 (43.8)	20 (41.7)	4 (8.3)	3 (6.3)	48

4　意識の変化―国際化と効率化に向けて

4－1. 国際化に向けて

　秘書の応対において，電話や来客応対など仕事をするうえで，日常的に英語等の語学力が必要になることがあるか質問したところ，医療では「よくある」が0件，「たまにある」が10件で29.4％，「あまりない」が14件で41.2％，「全くない」が10件で29.4％でした。金融では，「よくある」が0件，「たまにある」が1件で11.1％，「あまりない」が4件で44.4％，「全くない」が4件で44.4％でした。その他の企業では，「よくある」が1件で6.7％，「たまにある」が4件で26.7％，「あまりない」が7件で46.7％，「全くない」が3件で20％でした。医療では7割，金融では9割弱，その他の企業では6割強の秘書が日常的に英語等の語学力が必要になることはないと回答しています。昨今，楽天やソフトバンクのように，英語を公用語とする企業も出てくるなど，秘書業務においても国際化が進みつつあるのかと考えていましたが，地方都市の医療では3割弱，金融では1割，その他の企業では3割強の秘書が英語等の語学力が必要になることがあると回答するに留まりました[46]。

*46　東京や大阪などの都市部では異なる結果が出る可能性もあり，今後も研究を続けていきたいと考えているが，業務上英語等の語学力が必要になる機会が都市部では多いものと考えられ，必要な能力の一つであると思われる。

表3－18　電話や来客応対など仕事をするうえで，日常的に英語等の語学力が必要になることがある（業種別）

	よくある	たまにある	あまりない	全くない	計
医　療	0 (0)	10 (29.4)	14 (41.2)	10 (29.4)	34
金　融	0 (0)	1 (11.1)	4 (44.4)	4 (44.4)	9
その他	1 (6.7)	4 (26.7)	7 (46.7)	3 (20.0)	15
計（件数） （％）	1 (1.7)	15 (25.9)	25 (43.1)	17 (29.3)	58

　そこで，現代の秘書は国際化していると思うか意識調査したところ，医療では「そう思う」が0件，「ややそう思う」が11件で36.7％，「あまり思わない」が12件で40.0％，「思わない」が7件で23.3％でした。金融では，「そう思う」が0件，「ややそう思う」が5件で45.5％，「あまり思わない」が5件で45.5％，「思わない」が1件で9.1％でした。その他の企業では，「そう思う」が4件で30.8％，「ややそう思う」が0件，「あまり思わない」が9件で69.2％，「思わない」が0件でした。医療では6割以上の秘書が「あまり思わない」「思わない」と回答し，比較的語学力を駆使して業務を行っているその他の企業では，7割弱の秘書が「あまり思わない」と回答しています。比較的語学力を必要としない金融において，4割以上の秘書が国際化してい

ると「やや思う」と回答しているのは興味深いところです。今後，インタビュー調査を行うなど，検証する必要があるでしょう。

　以上の検討から，国際化における秘書業務やその意識は，医療では7割，金融では9割弱，その他の企業では6割強の秘書が日常的に英語等の語学力は必要ないと回答しています。昨今，英語を公用語とする企業も出てくるなど，秘書業務においても国際化が進みつつあるのかと考えていましたが，地方都市の医療では3割弱，金融では1割，その他の企業では3割弱の秘書が英語等の語学力が必要になることがあると回答するに留まりました。また，医療では6割以上の秘書が国際化していると思わないと回答しています。語学力を生かして業務を行っているその他の企業でも，7割弱の秘書が思わないと回答しています。これに対し金融業では，4割以上の秘書が国際化していると思うと回答しています。

表3-19　現代の秘書は国際化していると思う（業種別）

	そう思う	ややそう思う	あまり思わない	思わない	計
医　療	0 (0)	11 (36.7)	12 (40.0)	7 (23.3)	30
金　融	0 (0)	5 (45.5)	5 (45.5)	1 (9.1)	11
その他	4 (30.8)	0 (0)	9 (69.2)	0 (0)	13
計（件数） （％）	4 (7.4)	16 (29.6)	26 (48.1)	8 (14.8)	54

4-2. 効率化に向けて

　秘書の業務はテキストやマニュアルとは異なり，簡略化したほうがよいと思うか調査したところ，医療では「そう思う」が0件，「ややそう思う」が16件で53.3％，「あまり思わない」が14件で46.7％，「思わない」が0件であった。金融では，「そう思う」が0件，「ややそう思う」が4件で36.4％，「あまり思わない」が6件で54.5％，「思わない」が1件で9.1％でした。その他の企業では「そう思う」が1件で9.1％，「やや思う」が3件で27.3％，「あまり思わない」が6件で54.5％，「思わない」が1件で9.1％でした。医療では5割以上，金融では3割以上，その他の企業でも3割以上の秘書が秘書の業務はテキストやマニュアルとは異なり，簡略化したほうがよいと回答しており，現代の秘書の意識の変化がみてとれます。

表3-20　秘書の業務はテキストやマニュアルとは異なり，簡略化したほうがよい（業種別）

	そう思う	ややそう思う	あまり思わない	思わない	計
医　療	0 (0)	16 (53.3)	14 (46.7)	0 (0)	30
金　融	0 (0)	4 (36.4)	6 (54.5)	1 (9.1)	11
その他	1 (9.1)	3 (27.3)	6 (54.5)	1 (9.1)	11
計（件数） （％）	1 (1.9)	23 (44.2)	26 (50.0)	2 (3.8)	52

　そこで，現在，どちらかといえば丁寧な応対よりもスピードが求められると思うか確認したところ，医療では「そう思う」が2件で6.7％，「ややそう思う」が14件で46.7％，「あまり思わない」が12件で40.0％，「思わない」が2件で6.7％でした。金融では「そう思う」が0件，「ややそう思う」が7件で70.0％，「あまり思わない」が3件で30.0％でした。その他の企業では，「そう思う」が4件で30.8％，「ややそう思う」が3件で23.1％，「あまり思わない」が4件で30.8％，「思わない」が2件で15.4％でした。医療では5割，金融では7割，その他の企業では5割以上の秘書が「丁寧な応対」よりも「スピード」が求められると思うと回答しています。

表3-21　どちらかといえば丁寧な応対よりもスピードが求められる（業種別）

	そう思う	ややそう思う	あまり思わない	思わない	計
医　療	2 (6.7)	14 (46.7)	12 (40.0)	2 (6.7)	30
金　融	0 (0)	7 (70.0)	3 (30.0)	0 (0)	10
その他	4 (30.8)	3 (23.1)	4 (30.8)	2 (15.4)	13
計（件数） （％）	6 (11.3)	24 (45.3)	19 (35.8)	4 (7.5)	53

5　秘書業務の現代的特徴と今後の課題

　現代の秘書業務の実態や意識において，どのような変化がみられるのかをアンケート調査の結果をもとに検討してきました。調査結果として、以下の点が明らかになりました。

⑴　「来客応対における業務の変化」では，次のことがわかりました。

　言葉遣いや身だしなみにおける意識では，金融やその他の企業では6割以

上の秘書が，３種類の敬語を厳密に使い分ける必要がなくなってきたと思うと回答しており，企業における秘書の意識の変化がみてとれる結果となりました。勤務中の服装は，医療では，８割以上の秘書が制服を着用して勤務しており，その他の企業で私服化が進んでいることがわかりました。

名刺を交換する際は，どの業種においても同時交換が主流になってきていることがわかりました。また，金融では，お茶を入れる際，８割以上の秘書が茶葉から入れると回答していました。医療やその他の一般企業では，お茶・コーヒーなどのサーバーを半数の秘書が利用し，応対していることがわかりました。

(2)　「情報管理における業務の変化」では、次のことがわかりました。

スケジュールを管理する際は，医療とその他の企業ではパソコン上で管理することが主流になってきており，金融では紙ベースで行う秘書とパソコン上で管理する秘書と半々でした。名刺の管理においては，どの業種においても，名刺整理箱や名刺整理簿を利用していますが，情報を調べる際は，インターネットを利用することが主流になってきています。

(3)　「意識の変化—国際化と効率化に向けて」では，次のことがわかりました。

国際化における秘書業務やその意識は，医療では７割，金融では９割弱，その他の企業では７割弱の秘書が日常的に英語等の語学力は必要ないと回答しています。昨今，楽天やソフトバンクのように，英語を公用語とする企業も出てくるなど，秘書業務においても国際化が進みつつあるのかと考えていましたが，地方都市の医療では３割弱，金融では１割，その他の企業では３割の秘書が英語等の語学力が必要になることがあると回答するに留まりました。また，医療では６割以上の秘書が国際化していると思わないと回答しています。語学力を生かして業務を行っているその他の企業でも，７割弱の秘書が思わないと回答しています。これに対し金融業では，４割以上の秘書が国際化していると思うと回答しています。

業務効率化に対する秘書の意識は，医療では５割以上，金融では３割以上，その他の企業でも３割以上の秘書が「業務を簡略化したほうがよい」と回答しており，現代の秘書の意識の変化がみてとれる結果となりました。さらに，医療では５割，金融では７割，その他の企業では５割以上の秘書が，「丁寧な応対」よりも「スピード」が求められると思うと回答しています。

全体的にみてみると，医療やその他の企業では，業務において概ねIT化が進んでいることがわかりました。金融では，お茶を入れる際は茶葉から入れることが多く，スケジュール管理は紙ベースで行う秘書とパソコン上で管理する秘書と半々であるなど，比較的従来の秘書学のテキストに近い業務の

仕方がみられる結果となりました。どの業種においても，業務上，英語等の語学力を生かす場面が日常的には少ないこともわかりました。意識のうえでも業務の国際化が進行しているとはいえず，「丁寧な応対」よりも「スピード」が求められる時代になっていることがわかりました。

　最後に，時には専門知識を発揮してサポートするなど，前に出て業務を行うことも必要だと思うか調査したところ，医療では「そう思う」が2件で6.7％，「ややそう思う」が15件で50.0％，「あまり思わない」が9件で30.0％，「思わない」が4件で13.3％でした。金融では「そう思う」が2件で18.2％，「ややそう思う」が3件で27.3％，「あまり思わない」が5件で45.5％，「思わない」が1件で9.1％でした。その他の企業では，「そう思う」が3件で25.0％，「ややそう思う」が5件で41.7％，「あまり思わない」が2件で16.7％，「思わない」が2件で16.7％でした。医療では5割以上，金融では4割，その他の企業では6割以上の秘書が時には専門知識を発揮してサポートするなど，前に出て業務を行うことも必要であると回答していることがわかりました。

表3-22　時には専門知識を発揮してサポートするなど，前に出て業務を行うことも必要だと思う（業種別）

	そう思う	ややそう思う	あまり思わない	思わない	計
医　療	2 (6.7)	15 (50.0)	9 (30.0)	4 (13.3)	30
金　融	2 (18.2)	3 (27.3)	5 (45.5)	1 (9.1)	11
その他	3 (25.0)	5 (41.7)	2 (16.7)	2 (16.7)	12
計（件数） （％）	7 (13.2)	23 (43.4)	16 (30.2)	7 (13.2)	53

　秘書学のテキストにおいては，秘書は黒子にも例えられ，縁の下の力持ちに徹するのが一般的でしたが，現代の秘書の意識は変化してきており，秘書教育を行う際は，テキストにとらわれず，時代や現場に即した教育が求められるであろうし，秘書業務の進め方も現代と合ったものにする必要があるのではないかというのが本章の結論です。

第4章 ブレーン秘書のキャリア形成

1 先行研究

1-1. 秘書業務やキャリアに関する先行研究

　ここでは，秘書業務や秘書のキャリアに関しての先行研究をみてみます。森脇ほか（1987）は，秘書の経験年数と能力を基準とした秘書の段階類型化を試み，「初級秘書」「中級秘書」「上級秘書」「経営補佐」という4つの段階モデルを提示しています。石田（1989）は，秘書の仕事の変化は，秘書の経験年数よりも，属している組織のあり方が大きく影響することを指摘しています。石田は，秘書の仕事を「判断性」と「受動性」，「一般性」と「専門性」の座標軸で捉え，秘書の仕事の変化は，経験年数よりも，むしろ秘書の属している会社の規模の大小や経営方針で決まるとしています。

　青島（1994）は，秘書のキャリア形成を規定する要因を，キャリア・パスの類型化を通して，秘書が所属する組織の特性，上司に関わる要因，秘書自身のもつ要因の3点であると指摘しています。この3つの要因が相互に関連し合って，秘書のキャリア形成に大きな影響を与えるとしています。

　田中（1995）は，秘書業務のサンドイッチ構図による四層理論を図4-1のように，現状に対応するかたちで変化させています。その内容は，日本において，秘書は欧米の秘書より幅広い業務を担当しており，その下部を女性秘書が，上部を男性秘書が担当しています。男性秘書が担当しているaの仕事は，経営スタッフとしての仕事であり，秘書をコミュニケーションのエキスパートとして機能させる専門知識がbの仕事に要求されます。男性秘書の補助事務や雑用はdの仕事であり，秘書本来の仕事はbc部分であり，それを担当している秘書は専門秘書であるとしていました。欧米の秘書の場合は，最上部と最下部を除いた中央部分の業務を担当しています。

　しかし，田中は業務のOA化や社会構造の変化を受け，図4-1のBのように，秘書業務の質的変化を指摘しています。つまり，a部分を管理職秘書と位置付け，それは他の秘書による補佐を必要とするとしています。bc部分については，業務内容をタテ割りに分割し，bはOA機器操作を中心とし，cは接遇，電話応対を中心とするようになり，秘書の業務内容の専門職化につながるとして，bc部分を専門職秘書としています。なお，d部分専用の担当者は存在せず，仕事が全くなくなるわけではないことも指摘しています。

最終的に，田中は社会環境や経営環境の変化に対応して，サンドイッチ構図からダイヤモンド型への構図を提示しています。すなわち，a 部分の経営面にも秘書が参画して広範な領域の業務を担当し，bc 部分が拡大して d 部分が縮小するという仮説を立てました。中村（1997）は，秘書職の閉鎖性が秘書職の専門職化に貢献する可能性について，指摘しています。秘書室長や秘書課長は，その地位に就任している期間が短く，組織全体の人事異動の対象者となる機会が多いのに比較すると，秘書職の多くを占める女性秘書の場合は，人事異動の対象となることは少なくなります。それは，秘書室や秘書課の職務内容が極めて機密性が高い事項の業務処理に従事しているため，他部署を包括した人事異動の対象となり難いことに起因するとしています。さらに，中川（2009）は，秘書職経験者にインタビューを行い，「キャリア・アンカー自己分析表」を用いて，女性たちの独自のキャリア・アンカーを探索的に把握しようと試みました。

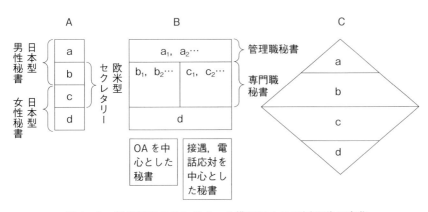

図 4－1　秘書業務のサンドイッチ構図による四層理論の変化

出所：田中篤子『秘書の理論と実践』法律文化社，2002年，pp.108〜109を参考に作成

1－2. インタビュー調査

　これらの先行研究をもとに，秘書の形態別にそのキャリアを詳説します。秘書のキャリアを秘書理論，キャリア理論，職場学習論の3点から分析することで，どのようなキャリアパターン[*47]を歩んでいるのか，秘書業務の四層理論からどの範囲の業務を担当しているのか，秘書の能力をどのように開発しているのか探究し，秘書業務に求められる「判断性」と業務内容を基準とした秘書の類型化を試みることを目的とします。方法として，2014年7月〜9月にかけて，秘書の形態別に秘書経験のある8名の方を対象として，半構造化面接[*48]を行いました。そこで得られたテキストデータを青島（1994）が指摘した3つの要因を4分類[*49]にあてはめて，個人状況要因[*50]，上役に関わる要因[*51]，職場状況要因[*52]，家族状況要因[*53]として分析を加えました。

[*47]　秘書のキャリアパターンとしては，以下の3つに分類できる。一つは，「同一組織内でのキャリア展開」であり，「秘書室内でのキャリア展開」と「配置転換型キャリア展開」に下位分類できる。「秘書室内キャリア展開」は，主任，係長，課長と室内で役付としてキャリアを展開するパターンである。「配置転換型キャリア展開」は，秘書室から広報室などへ異動し，他部署でキャリアを展開するパターンである。その他，他社へ転職するなど「転職などによるキャリア展開」が考えられる。最後に，退職して会社を起業するなど，「起業・創業に継承されるキャリア展開」が挙げられる。

[*48]　倫理的配慮として，メモを取ること，録音については調査協力者に承諾を得た。研究の目的と内容についても予め説明し，匿名を希望する場合は，実名とは無関係のアルファベットで表記し，勤務先などの事項は不記載とした。

[*49]　女性のキャリアは，ワークキャリアだけではなく，家族状況などのライフキャリアに立脚した視点からの分析も必要であると考えたため，4つの要因として詳説する。

[*50]　個人状況要因として，「プロフィール」のほか，「一皮むけた経験」「危機との遭遇」「メンター・サポーターとの出会い」という仮説項目を用い，事例分析を行った。「一皮むけた経験」とは，自分のこれまでのキャリアの中で，その後長期にわたり，仕事の取組み姿勢やマネジメントの仕方などに大きな影響を与えた「鍵となる出来事」をいう。

[*51]　上役に関わる要因では，上役の秘書に対する考え方，上役自身の人間性などを指す。

[*52]　職場状況要因とは，組織の規模，業種，伝統，勤務形態，女性が活躍している職場か，外国人の登用などを指す。

[*53]　家族状況要因とは，家族構成，子どもの有無，居住状況，生活時間（本人の家事，育児時間および配偶者の仕事と家事，育児時間），介護の状況などを指す。

2　直接補佐型秘書のキャリア形成 I－1（判断性と直接補佐）
　　　　　　　　　　　：個人付き秘書

2－1. 個人状況要因

(1)　プロフィール

　A氏は，1966年生まれで，福岡県の出身です。幼少時代から小学校の教員という夢を持ち，高校卒業後は，東京にある私立大学の教育学部を目指していましたが，大学進学に失敗しました。1年次は通信制で単位を取得し，2年次に通学制に編入しようと考え，大学には通信教育の制度を利用して入学しました。通学制とは違って，時間の余裕もあり，学費を自分で稼ぐため，アルバイトを始めようと考えました。

　なかなかアルバイトが決まらない中，1986年の地元の新聞に放送局社員急募の記事を見つけ，ちょうど20歳になった頃入社しました。放送局では系列会議など日本全国に随行し，議事録をまとめるなどの秘書業務を担当，働くことの楽しさや意義を実感し，25歳になるまで4年8か月勤務しました。

　そろそろ他の仕事をしてみたいと考えていたころ，広告代理店が雑誌の創刊に伴い，スタッフを募集していました。広告代理店では，人事，経理，総務，制作管理，社員教育など幅広い業務を担当し，8か月間勤務しました。

　広告代理店を退職したのは，女性起業家が代表を務める人材派遣会社の福岡支店オープニングスタッフの募集を目にしたからでした。人材派遣会社では営業企画を担当していましたが，福岡支店の新規顧客獲得が思うように進まず，設立8か月で撤退してしまいました。社長から東京に来るように声をかけてもらいましたが，母が車いすの生活であったため，東京に行くことはできず，26歳から28歳になるまで，仕事に就かず母の介護をしていました。

　介護も落ち着き，仕事を始めようと就職活動を始めますが，2年間のブランクがあるため，30社ほどの会社に落とされました。マスコミでの勤務経験から，私服で勤務できる自由な雰囲気の職場を探していたところ，広告会社のマーケティング・クリエイティブ局長秘書の募集があり，採用されました。6年8か月勤めた中で，当初は派遣社員でしたが，仕事ぶりが認められて，残りの1年半は契約社員として優遇されました。2000年の年末に局長から別の会社で社長秘書として働かないかと誘われました。広告会社との契約を打ち切り，別の会社に勤務するつもりでいましたが，年を越すとその話が立ち消えになってしまいました。ちょうど34歳のころ，これから転職活動を始めるという際に，放送局時代からの知人で広告会社本社総務部の専任部長が，中小企業の社長が秘書を募集していると連絡をくれました。知人との間に3人を介しての紹介[54]であり，公に募集をすると応募者が殺到するため，縁

*54　採用に関しては，6つの条件があった。それは，①女性であること，②三十路であること，③秘書経験があり，④福岡の街に詳しく，⑤体力があって，⑥年配男性とのコミュニケーションに長けていることというものであった。

故で採用することが決まっていました。面接試験当日まで，会社名は明かされませんでした。2001年の1月上旬にホテル1階の喫茶店で採用面接は行われました。東京の総支配人が次期社長として着任することが決まっている，個人付き秘書の形態であること，直属の上司は取締役管理部長であり，彼に秘書の採用に関しては一任されていることなどを聞かされました。したがって，社長とは秘書として勤務するまでは会えないとのことでした。社長の人柄など不明確な状態で，秘書を引き受けると即答できず，考える時間をもらいました。3月中旬に社長は来福するというので，ホテルに覆面調査に向かいました。エスカレーターから挨拶しながら降りてくる2代目の社長を見て，この人だったら大丈夫だと確信しました。その後，3代目と4代目の社長の秘書として7年間勤務しました。しかし，4代目の社長とはどう努力しても上役の考え方や価値観を受け入れることができず，2007年4月に退職しました。このとき，母が肺炎を発症し，危篤状態に陥るなど，再び付きっきりの介護が必要になりました。41歳から43歳になるまでの2年間は母の介護に従事しましたが，その間地元の電力会社から声がかかり，10か月ほど秘書室に勤務しました。

　2010年には，尊敬する先輩に起業という道を提案され，2月6日に個人事業主として起業しました。アシスタント業務の育成を事業の柱とし，現在東京と福岡を拠点に全国を飛び回っています。

⑵　一皮むけた経験

　2001年にホテルに着任した初日，2代目の社長からアルバムを見せられました。アルバムには，元大統領，大企業の社長の方々，皇室の方々などが社長と親しげに写っていました。顧客には「VIPの方が多数いる，お茶くみはいらない，顧客と自分をつなぐ仕事をしてほしい」と念を押されました。着任当初は，社長は自分が秘書業務を間違いなくこなせるのか逐一確認しているようで，まるでテストを受けているかのようでした。8か月ほど経った頃，社長秘書として顧客に紹介してくれるようになり，隠密・特命業務も担当しました。ホテルの社外取締役就任に関する水面下での交渉を担当し，会員向けのイベントを企画するなど，社長からの特命業務の全てを取り仕切りました。部長職以上のスタッフはすべて東京から派遣されていたため，地元福岡のことがわかるスタッフがいなかったこと，社長との信頼関係の深さなどが功を奏し，「3歩前に出る秘書」として社長を補佐し続けました。2代目の社長には3年3か月，3代目の社長には2年，4代目の社長には2年の間仕え，係長兼専任社長秘書という肩書をもらい，7年間ホテルに勤務しました。

⑶　危機との遭遇

　ホテルにおいて4代目の社長とはどう努力しても，仕事や顧客に対する考

えを理解できず，退職しなければならなかったときは本当に悔しい思いをしました。個人付き秘書の場合，上司の価値観や相性は非常に重要です。

(4) メンター・サポーターとの出会い

ビジネスにおける良き先輩は，ジャーナリストの先輩です。彼女とは2001年からの付き合いで，常に彼女の仕事に対する姿勢を見ているだけで勉強になります。

ホテルを退職した際，彼女に現状を相談すると，起業してはどうかとアドバイスをくれました。個人事業主として税務署に登記し，名刺を作成します。40歳を超えたら，人を育てる仕事に携わるべきである。これからは会社という組織の名前で勝負する時代ではない，自分に何ができるのかという時代であると諭されました。彼女に相談してから，たった20日間で起業の道が開けました。

2-2. その他の要因

職場状況要因と上役に関わる要因としては，A氏のキャリアにおいて，ホテルでの勤務経験が他社と比較して長いため，ホテルでの要因を考えてみます。職場の管理職は全て東京からの異動で，福岡のことがわかる人がいなかったため，A氏が隠密・特命業務なども担当し，交渉の場を設けるなど職場状況要因がA氏のキャリアや昇進に少なからず影響を及ぼしています。また，ホテルは他業種と比較して，女性スタッフが多く，活躍の場もありますが，それが昇進にはつながっておらず，管理職はほとんどいません。そのため，能力のあるA氏は，特例として昇進しています。

上役に関わる要因は，2代目の社長の女性スタッフに対する考え，社長との信頼関係の強さなどがA氏のキャリアを豊かにしています。

4代目の社長とA氏とは価値観があまりにも違いすぎたため，退職という選択を取らざるを得ませんでした。個人付き秘書の場合，一日中社長のもとで仕事をし，社長だけではなく，家族や身内の世話なども担当するため，上役との相性は大事であると述べています。ホテルでの退職は，上役に関わる要因が非常に大きいですが，後の起業という道につながり，結果的には良かったとA氏は振り返っています。

家族状況要因が，A氏のキャリアにおいては大きな比重を占めており，中でも母が車いすの生活だったことが大きく影響しています。介護の問題もあり，妹の家族と同居し，妹の子どもの世話も担当しました。現在起業したことで，自分でタイムマネジメントができるようになり，介護や育児との両立を可能にしたと語っています。

2-3.　小　括

A氏は，秘書のキャリアを活かして起業した「起業・創業に継承される
キャリア展開」だといえます。秘書業務の四層理論（図4-1参照）としては，
bc部分の業務だけではなく，a部分の経営面にも参画して広範な領域の業
務を担当していることから，「直接補佐型秘書」であるといえるでしょう。

A氏は，高校卒業後から放送局，広告代理店，人材派遣会社，広告代理店，
ホテル，起業というキャリアを歩んでいますが，転職する前に必ずこの仕事
だと確信する鐘が自分の中で鳴ったと語っています。このことから，A氏の
キャリアは，ジェラート（H.B. Gelatt）の「直感的意思決定理論」を想起させ
ます。現代のように不確定要素が多く，中長期的なキャリアの先行きが見え
ない時代には，キャリアについての意思決定を100％合理的に決めることは
不可能であり，むしろ直感的な決断を重要視すべきであると示しました。直
感は一つの知性であり，直感による意思決定能力を高めることが，キャリア
をつくっていく上で非常に大切であると，ジェラートは提唱しました。A氏
は，自身の直感による意思決定能力が非常に高いと思われます。

3　直接補佐型秘書のキャリア形成Ⅰ-2（判断性と直接補佐）　：個人付き秘書

3-1.　個人状況要因

⑴　プロフィール

B氏は，1975年生まれで，大阪府の出身です。地元の高校を卒業後，3年
間カナダに留学し，専門学校で観光学や旅行業務，貿易などの知識や技能を
修得しました。カナダでは大学に進学しようと考え，1年間は語学学校に
通っていましたが，大学進学の準備が整わず，専門学校で興味のある分野を
学びました。帰国してからは，学歴に磨きをかけようと憧れだった地元の短
期大学英語科に進学しました。テレビドラマの影響もあり，幼い頃から海外
留学や英語などの語学を活かせる仕事に就きたいと考えていました。卒業後
は，グローバルな企業において，語学力を活かして仕事をしたいと新卒派遣
の制度を利用して，大手電機メーカーに入社しました。法務部に配属され，
チームつき秘書として，法務部長や社内弁護士の秘書業務などを3年間担当
しました。こちらの会社ではキャリアの長期的展望が見えず，3年の契約満
了で退社し，外資系の自動車部品会社で派遣社員として，アメリカ人取締役
のアシスタント業務を担当しました。これまでに培ってきた語学力を十分に
生かせる仕事でした。その後，外資系ホテルの宿泊営業部門で正社員として，
アシスタント業務を1年半ほど担当しました。海外で仕事がしたいとの思い
が日に日に増し，ワーキングホリディに参加するための費用を稼ごうと，ホ

テルに勤務しながら，コールセンターや英会話学校で非常勤講師のアルバイトにも精を出していました。金銭面の準備も整い，29歳の時にワーキングホリディの制度を利用して，ニュージーランドに1年半，その後オーストラリアへ渡りました。メルボルンでは，大手日系企業の自動車工場で同時通訳の業務を2か月ほど担当し，シドニーではコールセンターで，オペレーター業務を担当しました。その後，大手通信会社では，プロジェクトマネージャーのアシスタントからマネージャーに昇進し，3年ほど勤務しました。さらに，韓国語を勉強したいとソウルの専門学校に1年程留学しました。オーストラリアに滞在中は，2007年から2011年にかけて，大学に3年次編入を行い，大学卒業の学位も取得しました。帰国後は，人材紹介会社を通して，2014年1月より飲食業を柱とする企業において，社長秘書として勤務しています。業務は，スケジュール管理や来客応対，経費申請の承認や機密情報の管理などを担当しています。

(2) 一皮むけた経験

　オーストラリアで大手通信会社のプロジェクトマネージャーの仕事をしていた際に，大失敗をしてしまいました。クライアントである航空会社のプロジェクトにおいて，思い込みで仕事を進めてしまい，結果的に全く異なるラインに回線を引いてしまいました。この経験から再確認の重要性を認識し，現在は業務上少しでも不安事項があると必ず確認するようにしています。

(3) 危機との遭遇

　上層部のみで取り扱う案件など機密事項に携わることも多く，上役との連絡は携帯のメールやメッセージ，アプリなどを活用しています。ある企業との情報のパイプ役を果たす際に，操作を誤って機密情報を先方に送信してしまいそうになったことがあり，体力的に非常に疲れていた影響もありましたが，心から反省しています。

(4) メンター・サポーターとの出会い

　2005年にニュージーランドへ渡った直後，アメリカのヒューストンにあるコールセンターで3か月ほど研修を受けました。その際に指導してくれた上司を大変尊敬しています。英語の語学力は勿論のこと，話す日本語も大変美しく，彼女の立居振舞いの全てが憧れでした。プライベートにおいても親しく接してくれて，現在でもSNSを通じて近況報告をしています。

3-2. その他の要因

　職場の状況要因は，多数の外国人や女性が活躍している職場であり，取締役やグループリーダー（部長職），チームリーダー（課長職）などの役職に就いている女性社員もおり，新卒で入社する外国人も増えています。社内の伝

統として，社員同士の挨拶は口頭でもメールにおいても「お疲れ様です」ではなく，「ありがとうございます」という言葉で交わされている活気のある職場です。年1回の県外での研修では，他部署の社員とチームを組み，役付きではなく年下の社員がチームリーダーを務め，それを周りがサポートするなど，社員間において家族のような関係が築ける仕組みが整っています。

　上役に関わる要因としては，上役はB氏より一つ年上の40代で，出張が多く，社内にいることも少ないため，業務においての指示はなく，全てB氏にまかせています。スケジュールを確認し，先を予測しながら業務を進めています。

　家族状況は，独身で一人暮らしのため，プライベートにおいては自由にタイムマネジメントができる環境です。

3-3.　小　括

　B氏は個人付きの秘書であり，大手電機メーカーの秘書から外資系企業において外国人トップのアシスタント，海外での仕事経験を経て，飲食業界の社長秘書として勤務していることから「秘書から秘書への転職型キャリア展開」のパターンであるといえます。秘書業務の四層理論（図4-1参照）を考えると，bc部分の業務だけではなく，a部分の経営面にも参画していることから，「直接補佐型秘書」であるといえるでしょう。B氏は，高校卒業後に留学，帰国後は短期大学を卒業して，大手電機メーカーに就職しました。その後は外資系企業のアシスタントを経て，海外へ渡っています。オーストラリアでの拠点を転々としたのは，当時付き合っていたパートナーの転職にあわせて，自分自身も転職しており，パートナーを中心に考えながらキャリアを展開しています。自分の目標を修正しながらキャリアを展開しているところから，金井（2003）の「キャリア・トランジション・モデル」が想起されます。金井は，節目においてキャリアをデザインする重要性を強調し，節目以外のところではドリフトすることも必要であると主張しています。ここでいうドリフトとは，デザインの対語であり，周囲の状況に流される，偶然に身を任せるといった意味で用いられています。こうした偶然を重視する考え方は，後述するクランボルツの理論とも共通する考え方です。

4　間接補佐型秘書のキャリア形成Ⅱ（判断性と間接補佐）
　　：個人付き秘書

4-1.　個人状況要因

⑴　プロフィール

　C氏は，1974年生まれで，福岡県の出身です。地元の高校を卒業後，短期

大学英語科に進学しました。航空会社に勤務していた父親の影響もあり，中学生の頃から客室乗務員に憧れ，将来のために英語を勉強しようと考えました。しかし，1995年に短期大学を卒業するときは就職氷河期の真只中で，客室乗務員の募集がなかったため，地元の電力会社に就職しました。入社後は原子力部門に配属され，国の事業である原子力の技術協力を目的として，東欧やロシア，アメリカやフランスなどからの外国人の原子力技術者を受け入れる際の窓口業務を担当しました。発電所の見学やレセプションの随行など外国人技術者の応対業務を3年間担当しました。その後，社内の人事異動により秘書課に配属され，秘書役（部長職）の秘書をはじめとして，監査役，常務取締役の秘書業務を4年間担当しました。その間，2001年に結婚し，その後も秘書課に勤務していましたが，仕事と家事の両立において体力が続かず退職しました。その後，英語力を活かしたいとアルバイトで英語の塾講師を始めましたが，妊娠が発覚し，1年弱で退職しました。出産した後，4年ほど専業主婦をしていましたが，家庭の事情により働く必要があり，試験を受けて2008年から2011年まで市役所の市民課で臨時職員を始めました。その間，正規の職員を目指そうと公務員専門学校に通いながら，必死で勉強を続けましたが，最終的に試験に合格することはできませんでした。今後の仕事について市役所の窓口で相談すると，ハローワークでの仕事を紹介されました。職業訓練の窓口として給付金の申請を審査する業務を非正規職員として1年10か月ほど担当しました。その間，今後は企業での正社員を目指そうとスキルアップのために，サービス接遇検定や秘書検定1級を取得しました。2013年8月に医療法人系病院役員秘書の募集があり，すぐに応募しました。現在は，医療法人と社会福祉法人の理事長2名の秘書として，スケジュール管理，来客・電話応対，文書作成・管理などを担当しています。

(2) 一皮むけた経験

一歩先を見据えた仕事をした際に，理事長に感謝されるときは毎回自信に繋がっています。例えば，理事長が学会に出席する際は，会場までのアクセスや宿泊先，会費の準備など指示される前に先を見通して業務を行うときには非常に感謝されます。電力会社のキャリアと秘書検定1級の勉強が自分自身のベースとなり，自信になっています。

(3) 危機との遭遇

医療・介護福祉施設経営の企業において，最初に就いた上役との信頼関係がうまくいかず，全く仕事を任せてもらえなかったため，仕事を辞めたいと思うほど非常に悩みました。しかし，子どもを育てなければならないため，退職するわけにもいかず，今日一日をどのように過ごせばよいのか毎日悩む日々でした。しかし，3か月ほどで人事異動があり，担当する上役が代わっ

ため，現在は上役に頼りにされるような秘書として仕事をしています。

⑷　メンター・サポーターとの出会い

電力会社秘書課において，一つ年上の先輩には業務のことからプライベートのことまで相談にのってもらいました。身のこなしから仕事の仕方で，全てにおいて尊敬する先輩です。

4-2.　その他の要因

職場の状況要因は，医療・社会福祉法人として初めての秘書採用で，理事長の個人付き秘書として勤務しているため，秘書業務は全てC氏にまかされています。現在は，勤務して1年半弱で，秘書業務全般が中心ですが，今後はさらに上役との信頼関係を深め，仕事内容を拡大していきたいと考えています。

上役に関わる要因としては，2人の理事長はC氏の家族の状況を十分に理解してくれているため，育児中心の仕事の仕方を推進してくれています。

家族状況は，育児と仕事の両立は非常に大変でしたが，自分が仕事から帰ってくるまでは両親が子どもの面倒を見てくれたので，両親のサポートがC氏のキャリアを支えている面もありました。子どもが小学校高学年になってからは，仕事から帰宅するまで自宅で留守番をするなど多少は親の手を離れつつあります。

4-3.　小　括

C氏は個人付きの秘書であり，電力会社から市役所等を経て，医療法人の秘書として勤務していることから「秘書から秘書への転職型キャリア展開」のパターンであるといえます。秘書業務の四層理論（図4-1参照）からみると，現在はbc部分の業務を中心に行っており，主にスケジュール管理や来客・電話応対などを担当していることから「間接補佐型秘書」であるといえるでしょう。しかし，今後の展開によっては「直接補佐型秘書」へと移行する可能性もあるでしょう。C氏のキャリアの場合，客室乗務員という夢をもっていましたが，就職氷河期のため採用がなく，地元の電力会社に就職，その後は市役所の臨時職員から再び秘書に転身しています。さらに，結婚・出産・子育てを経て，これまでの職務経験を活かし，育児を中心に考えながらキャリアを展開しています。自分の目標を修正しながら，キャリアを展開しているところから，「キャリア・トランジション・モデル」が想起されるでしょう。

5　間接補佐型秘書のキャリア形成Ⅲ－1（判断性と間接補佐）
：兼務型秘書

5−1. 個人状況要因

⑴　プロフィール

　D氏は，1962年生まれで，佐賀県の出身です。地元の高校を卒業後，ホテルに4期生として入社しました。歴史好きが高じて，将来は京都でバスガイドをしたいという夢をもっていましたが，長女であるため，両親からは地元での就職をと説得されていました。少しでも自分の夢に近い職業に就こうと高校の求人票を見て，ホテルの採用面接を受けました。就職活動の真只中，テレビで電話交換手の特集を見て，声だけで勝負する電話交換手は非常に高い能力が求められる仕事だと憧れをもちました。ホテルの面接試験において，ホテルでテレフォンサービスの仕事がしたいと申し出ると，そのような受験者は初めてのことだと人事部長の目に留まりました。

　1980年に入社し，1階レストランの接客スタッフとして2年間勤務しましたが，事あるごとに人事部長からまだテレフォンサービスを希望しているのかと聞かれました。入社3年目にポストに空きが出たため，念願の部門に配属されました。テレフォンサービス部門に勤務して19年間24時間体制で勤務する中で，主任，係長，課長と昇進し，部下10人をマネジメントしました。2004年4月からは，監査役，常務，社長3人の役員秘書兼広報担当課長として勤務しています。役員秘書にとどまらず，イベントの企画からPRまで，パブリシティの情報発信やテレビ・新聞の取材対応などの広報責任者も兼務しています。

⑵　一皮むけた経験

　入社3年目には，念願のテレフォンサービス部門に配属されました。顧客に対しての接客は声だけが頼りですので，スタッフの名前から，言葉遣い，語学力，館内外の知識などあらゆることを勉強しました。1日900本の電話応対を捌いていました。電話応対の技能を高める研修などがまだ社内になかったため，外部の研修に会社の許可をもらって参加し，電話応対コンクールに出場するなど応対のスキルアップに必死になりました。自分が役付きになってからは，講師となって，スタッフ全員に研修を受けさせる体制を整えました。

　新しい交換機が入ると，外部から業者が来て接続をします。その様子を見て，自分でもできないかと新しい交換機のシステムやその作り，パソコン操作を指導してもらい，交換機の取り付けなどを習得しました。2000年の九州・沖縄サミットを前に，プロジェクトチームの一員として，九州で初めて

の全客室インターネット完備に貢献しました。オペレーターという専門職として昇進するのは困難な中，28歳で主任に，34歳で係長，36歳で課長に昇進しました。

⑶　危機との遭遇

24歳で結婚し，25歳で一人目を出産しました。当時は24時間体制のテレフォンサービス部門で，妊娠9か月まで夜勤を含むシフト勤務を続けました。出産後は，夜勤のシフトは難しいのではないかと考えていましたが，産休後の配置転換もあるだろうと，とりあえず3か月の休みをもらいました。職場に復帰する際，当時のテレフォンサービス部門のトップである主任が体調を崩し，スタッフに不足が出たため，再度同部門に戻りました。後任の主任は夜勤を全て担当し，自分は日勤のみの担当と配慮してくれました。一人目の出産時には周囲のサポートもあり，何とか退職を避けることができました。

しかし，2年後の27歳のときに2人目を妊娠したときは，さすがにこれ以上周りに迷惑をかけることはできないと退職を考えました。自分としては出産後も勤務を続けたいと思っていましたが，当時育児をしながら勤務している女性スタッフはいなかったため，周りに迷惑をかけているのではないか，常に自分自身がハンディを負っているのではないかと後ろめたい気持ちを感じていました。主任から，仕事を続けたいのであればサポートするからと言われ，産休を3か月取得しました。職場に復帰した際は，今度こそ配置転換になるだろうと思っていましたが，主任が結婚で海外に行くことになり，後任を任されました。日勤の業務をこなしながら，必死になって子育てと両立しました。

台風などの災害があった日は，電話がいつもの倍に増加し，応対が追いつきません。幼い子どもを連れて，タクシーで出勤し，オペレーター室で遊ばせながら，仕事をすることもありました。2人の子どもを出産し，出産後も仕事と育児を両立しながら勤務したのは，自分が初めてのケースでした。

⑷　メンター・サポーターとの出会い

人との出会いが自分自身の生き方を変えたと考えています。27歳のときにマナー講師のセミナーを受けて，仕事も家庭も両立できる，「今できることを一生懸命やればいい」との教訓を得ることができ，常にハンディを負っているのではないかと思いながら仕事を続けてきましたが，気持ちが軽くなったのを鮮明に記憶しています。

プライベートにおいても，研究会での人との出会いが自分に活力を与えてくれています。3か月に1回の勉強会において，お互いに切磋琢磨しながら，勉強したことを日々の業務に役立てています。

5-2. その他の要因

　職場の状況要因を考えると，ホテル業であるので女性スタッフも多く，活躍の場は数多くありますが，A氏の職場と同様で，現状としてそれが昇進につながっていない点が挙げられます。インタビューしたA氏やD氏は能力のある女性であるため，昇進につながった貴重なキャリアのパターンです。

　上役に関わる要因として，社長は女性の活躍に関して理解のある方だと思っていますが，それを社長として外部に発信するには環境を整えてからと考える慎重派です。広報担当課長でもありますので，取材などで席を外すことも多く，他社の社長から秘書が席にいなくて仕事が成り立つのかと苦情を言われたこともありました。しかし，社長はできることをやってくれればよいとD氏の仕事のスタイルを支援しています。

　家族状況要因をみてみると，D氏のキャリアにおいて，仕事と子育ての両立との戦いであったともいえます。子どもが小さいときは，妹が日曜日に子どもを見に来てくれることもあり，近所の友人が夕方まで子どもを預かってくれることも多々ありました。夫は同業者であり，家事は一切担当してくれませんでしたが，子どもの面倒はよく見てくれました。周りのサポートがD氏のキャリアを支えている面もあります。

5-3. 小　括

　D氏は現役の役員秘書でもあり，広報担当課長という兼務型であり，今後も同一組織内でのキャリアが展開されるのかみていきたいと思います。秘書業務の四層理論（図4-1参照）を考えると，役員秘書としては，bc部分の業務を中心に行っているようです。秘書室はなく，秘書の責任者でもあることから，業務において「判断性」が求められる「間接補佐型秘書」ではないでしょうか。

　D氏のキャリアの場合，バスガイドという夢をもっていましたが，両親との兼ね合いもあり，少しでも夢に近いホテルという道を選択しました。さらに，テレビで見た電話交換手に憧れ，ホテルでその夢を成し遂げました。自分の目標を修正しながら，キャリアを展開しているところから，金井の提唱する「キャリア・トランジション・モデル」が想起されます。

6　間接補佐型秘書のキャリア形成Ⅲ-2（判断性と間接補佐）
：兼務型秘書

6-1. 個人状況要因

⑴　プロフィール

　E氏は，1978年生まれで，福岡県の出身です。岐阜県の高校を卒業後，地

元大学人文学部英語学科に進学しました。卒業後は，学んだ語学力を生かせる仕事がしたいと念願だったホテルに入社し，フロント業務に3年間ほど携わりました。結婚を機に同社を退職し，夫と暮らすために福岡に戻りましたが，系列のホテルで2年間パートとして勤務を続けました。同社では応対のスキルが認められ，その後トレーナーとなり，定期的に館内勉強会などを実施しました。

　転職を決意したのは，夫と休みが合わないことだけではなく，パートとして勤務することに物足りなさを感じ，今後は長く続けられる正社員の事務職に就きたいと考えたからでした。2007年1月にインターネットで社長秘書を募集していた人材派遣会社に入社しました。経営企画推進室に所属し，データ分析や会報誌の作成，プレスリリースの発行など，企画・広報窓口としての仕事にも従事しました。秘書業務としては，来客・電話応対，スケジュール管理，文書の作成・管理，顧客データの管理など「業務サポート」を中心に担当しました。2014年2月に教育事業部に異動し，現在は新入社員研修などの階層別研修やビジネスマナー研修などのテーマ別研修の講師として活動しています。

⑵　一皮むけた経験

　同社の経営企画推進室では2名のスタッフで社長秘書業務と企画・広報業務を担当するのが通例ですが，3か月ほどの間一人で全業務を担当しなければならない時期がありました。その時期を乗り越えられたことが自信に繋がっています。また，社長秘書として，先方への御礼状を代筆することがありますが，社長に素晴らしい内容だと認めてもらったときには自信を深めることができました。

⑶　危機との遭遇

　社長秘書として7年が経ち，後輩に仕事を引き継ぎ，企画・広報担当としての業務がメインになったときに，自分の知識不足や営業の現場経験がなかったことなどにより，様々な部署からの質問や問い合わせに的確に対応することができませんでした。一時的に自信を失くしてしまい，先を読んで仕事をすることもできなくなり，仕事が後手に回ってしまいました。経営企画推進室という社長直轄の部署において，業務の進め方に迷い，的確な決断ができないことは許されませんでした。業務を進める上でうまく人を巻き込み，小さなことでもお互いに声をかけることの重要性を改めて感じています。

⑷　メンター・サポーターとの出会い

　社長秘書として働き始めた当初は，前任の秘書もおらず，業務上確認したいことがあっても相談できる先輩などがいなかったため，大変苦労しました。他社の秘書から勧誘を受け，2009年に日本秘書クラブ九州支部に入会し，現

役秘書の会合にて業務の進め方など話し合う機会を得ることができました。また，非公式ではありますが，年2回開催されるクラブのメンバーの方々に励まされることもありました。今後は後輩のスタッフが困ることがないよう，細かな情報もマニュアル化するなど工夫しています。

6-2. その他の要因

職場の状況要因は，スタッフの男女比はちょうど半数で，役付きの女性社員も多いです。若い社員が多いため，今後はますます役付きの女性社員が増えることが予想され，男女ともに活躍するチャンスがある職場です。

上役に関わる要因としては，社長はカリスマ性があり，人情が厚く，はっきり物を言う性格ですが，秘書業務においてはE氏を信頼して任せてくれていました。社内では，毎朝15分ほどの朝礼があり，各部署からの数値発表や社長からの訓話をメインに実施され，仕事の指示や方向性を確認するなどテレビ回線を通じて支社にも配信しており，全社員が一致団結できるような仕組みが整っています。

家族状況は，夫との二人暮らしで，家事も分担しており，自分で時間をマネジメントできる状況です。

6-3. 小　括

E氏は兼務型の秘書であり，ホテル業界から人材派遣会社に転職し，社長秘書から，教育事業部の研修講師として勤務しており，「配置転換型キャリア展開」のパターンといえるでしょう。秘書業務の四層理論（図4-1参照）からみると，bc部分の業務を中心に担当しており，秘書兼企画・広報の責任者として仕事をしていたことから，業務において「判断性」が求められる「間接補佐型秘書」であるといえます。E氏のキャリアは，大学を卒業後，学んだ語学力を活かしたいとホテル業界に就職しました。結婚を機に退職しましたが，系列企業のホテルでパートとして勤務しています。夫とのプライベートな時間や仕事における長期的なキャリアを見据えて，その後は人材派遣会社に転職しました。自分の目標を修正しながらキャリアを展開しているところから，「キャリア・トランジション・モデル」が想起されます。

第5章 ブレーン秘書の事例研究

1　間接補佐型秘書のキャリア形成Ⅳ－1（受動性と間接補佐）
：グループ秘書

1-1. 個人状況要因

⑴　プロフィール

　F氏は，1967年生まれで，福岡県の出身です。地元の高校を卒業後，短期大学に進学し，卒業後はその地元企業に就職しました。入社後は，支店に配属され，新入社員としては異例の速さで花形業務を担当していましたが，研修所長の目に留まり，入社2年目に秘書室に配属され，20年間役員秘書として勤務しました。短期大学時代に役員秘書として働く女性の講演を聞く機会があり，その会社に興味をもつようになりました。講演をした先輩と秘書室で一緒に仕事をすることになり，憧れを抱いた先輩にマンツーマンで一から仕事を教えてもらい，運命的なものを感じました。秘書室には役付きを含め7人のスタッフがおり，グループ全体で役員の秘書業務を担当していました。経営トップに関しては，役付きの男性秘書が担当し，女性秘書は各自複数の役員を担当していました。

　現在は，社内広報分野の主任として勤務しています。広報としての仕事は，地域貢献のために，様々なイベントを主催し，社会貢献活動にも携わっています。さらに，社内報の作成や毎週1回全店の朝礼で放映される社員向けの社内ビデオニュースでアナウンサーを務めています。

⑵　一皮むけた経験

　秘書時代に，初めて担当することになった秘書室長を経験した役員から，ある人にお礼の手紙を書いてほしいと依頼され，精魂込めて手紙を書いたところ，「いい文章だ。これなら秘書として合格だ」と認めてもらったことを鮮明に覚えています。

　入社2年目に秘書室に配属され，1年間の研修を経て，本社1階の総合受付を担当しました。当時は地元企業の中でもナンバーワンの受付を目指しており，アポイントメントが入ると顧客のことを徹底的に調査し，一人ひとりに合わせた応対を心がけました。何を聞かれても，すべてに対応できるようあらゆることを勉強しました。例えば，身内に祝い事があれば一声かけるなど，どのようなことも把握するように努めました。秘書室内においても，顧

客情報に関して，ミニテストを行うなど工夫していました。応対の良さに対してお礼の手紙をもらい，新入社員時代の支店の顧客が本社の受付まで尋ねてきてくれることもありました。あるとき，受付の応対に感動した会社の創業者がお礼にとケーキを送ってくれたこともありました。受付応対が評判を呼び，他社から勉強にと研修を受けにくることもありました。小さなことの積み重ねが大事であり，その結果顧客に信頼してもらえるのだと考えています。

⑶ 危機との遭遇

入社1年目に，新入社員としては異例の速さで花形業務に抜擢されたため，周りからの風当たりも強く，同期とともに退職しようと考えていた矢先，入社2年目の4月に秘書室への辞令が出て，退職を回避できました。今となっては，若気の至りだと思っていますが，退職を回避できたことを感謝しています。

⑷ メンター・サポーターとの出会い

マンツーマン指導者の先輩には，秘書業務を一から指導してもらいました。現在は転職されましたが，今でも相談に乗ってもらっています。プライベートでは，所属する研究会のメンバーから良い刺激を受けています。

1-2. その他の要因

職場状況要因をみてみると，女性が活躍している職場であり，F氏も主任です。秘書室においては，経営トップは役付きである男性秘書が担当しており，女性秘書との役割分業があるものと思われます。

上役に関わる要因として，長年担当していた上役は，人事に関わること以外は何事においても秘書に意見を求める方でした。そのため，執務室に入る際は，あらゆる質問に答えられるように日頃から勉強を怠らず，準備をする必要がありました。昨今，国や企業が女性の活躍を推進する以前から，その上役は女性の活躍や登用において，先進的な考えをもっていました。そのため，女性が結婚や出産などのライフイベントを経た後も，働き続けることのできる環境が整っていました。

家族の状況要因を考えると，幼少時代は祖父母と一緒に暮らしていたため，特に祖母からの影響を受けています。祖母は新聞の記事などを毎日スクラップするマメな性格で，読書好きであったため，その影響を受けて活字や読書が好きになりました。したがって，短期大学進学時には国文科に進むか迷いましたが，現在は広報分野において，毎日の執筆活動を通して，活字と向き合うことができました。独身であり，実家での生活のため，家事などの負担はありません。

1-3. 小　括

　F氏は20年間勤務した秘書室から広報分野に異動していることから,「配置転換型キャリア展開」のパターンであるといえます。秘書業務においては, bc部分の業務を中心に行っており（図4-1参照）, 主に来客の応対や文書作成などの業務を担当していることから,「間接補佐型秘書」であるといえるでしょう。さらに, F氏のキャリアにおいて, 強みは「運があること」と語っていますが, クランボルツ（John D. Krumboltz が1999年に発表した）の「計画的偶発性理論（Planned Happenstance Theory）」を想起させます。短期大学時代に講演を聞いた先輩に秘書室で仕事を指導してもらったこと, 入社2年目に退職しようかと考えていた矢先に秘書室に配属されたことなどを挙げています。クランボルツは, 数百人に上るビジネスパーソンのキャリアを分析した結果, キャリアの80％は予期しない偶然の出来事によって形成されるという興味深い結論を導き出しました。偶発的な出来事によってキャリアが形成されていくにしても, 自分にとって好ましい偶然の出来事が起こるように, 普段から能動的な行動パターンをとっている人[55]にはより好ましい偶然が起こるし, そうでない人にはあまり起きません。自律的にキャリアを切り開いていこうとする場合には, 偶然を味方につけ, キャリア形成にとって好ましい偶発的な出来事を自分から仕掛けていくべきであるというのが, クランボルツの計画的偶発性理論です。

[55] 能動的な行動パターンとして, 好奇心（Curiosity）, 粘り強さ（Persistence）, 柔軟性（Flexibility）, 楽観性（Optimism）, リスクテイク（Risk take）という5つの特徴を挙げている。

2　間接補佐型秘書のキャリア形成Ⅳ-2（受動性と間接補佐）：グループ秘書

2-1. 個人状況要因

⑴　プロフィール

　G氏は, 1969年生まれで, 熊本県の出身です。地元の高校を卒業後, 短期大学の教養科英語コースに進学しました。中学生のとき先生に恵まれ, 英語の面白さに目覚めて, 必死で勉強しました。幼い頃から飛行機が好きで, その両方を満たしてくれる客室乗務員に憧れをもちました。高校2年生のとき, 通学路に航空会社の支店があり, 店舗の掲示板に元国際線客室乗務員現マナーインストラクターの講演会の案内があったため, すぐに申し込みました。将来は客室乗務員を経て, インストラクターになりたいと思いました。

　短期大学では, 学内推薦を得てアメリカの大学に1か月間短期留学をし, 客室乗務員になるために, 専門学校にも通いました。短期大学2年の就職活動の際に航空会社の採用試験を受験し, 順調に2次試験まで進みました。5つ上の兄がいましたが, 両親は一人娘のように大事に育ててくれ, そもそも客室乗務員になることを認めるつもりはありませんでした。短期大学では

トップクラスの成績であったため，就職課から推薦で銀行を受験しないかと申し出がありましたが，客室乗務員になるつもりでしたので断りました。その話を両親にしたところ，なんてことをしてくれたのかと就職課と掛け合い，本人の意見を無視して取り下げた推薦を復活してもらいました。銀行から内定をもらうと，航空会社の3次試験の当日は家から一歩も出してもらえませんでした。

　卒業後は銀行の支店に2年間勤務し，発券課で銀行券の受け入れや払い出し，偽造の監査などを担当しました。就職後も客室乗務員になることを諦めきれず，求人をチェックしていましたが，当時は新卒採用のみでした。目標を見失い，22歳で結婚し，銀行を退職しました。夫の仕事の都合により福岡に転勤することになり，福岡ではこども英会話教室の講師を1年間務めました。24歳で娘を出産し，結局6年間は専業主婦として育児に専念しましたが，客室乗務員の夢を諦めきれず，業界誌を買い続け，秘書検定にも挑戦しました。夫が転職し，熊本に戻ることになり，27歳で息子を出産した頃，地方の航空会社が既卒募集を始めました。やっとの思いで両親を説得し，航空会社を数社受験しましたが，面接まで進むことはできませんでした。

　息子は3歳になって保育園に登園するようになり，娘が小学校に入学したのを機に，友人の会社で社長秘書や地元組合の理事長秘書のパートを始めました。さらに，日本秘書クラブ九州支部の講師養成講座を修了し，32歳の時に父の紹介でユーザー協会（以下協会）のビジネスマナー講師をフリーランス契約で始めることになりました。3か月の研修を経て，独自のレジュメを作成し，講師を務める中で，心理学に基づいた授業を取り入れると好評を博し，1年先までの予約が殺到しました。評判が高まるのとは逆に，講師としての威厳を保とうと無理が祟り，病院に通うことになってしまいました。医者から診断書をもらい，協会事務局長に事情を話して仕事を辞めさせてもらいました。もっと頑張らなければという完璧主義な性格が祟ってしまいました。契約を解除したのはいいのですが，自分らしくできる仕事はないかと探していたところ，「市政だより」に母校である中学校の図書館司書募集の記事を見つけて応募しました。面接では，母校の校長が今までの職歴に興味を持ってくれて，司書の仕事だけではなく，キャリア教育やインターンシップに参加する上でのビジネスマナー講習を担当してほしいと提案してもらいました。35歳から40歳まで5年間勤務しましたが，人生の中で一番自分らしく心から仕事を楽しみながら，子どもたちの指導にあたることができました。1年ごとの最長5年までの契約であったため，次の仕事を探す必要がありました。今後は秘書として勤務したいと考えていたところ，新聞広告に「官公庁秘書募集」の記事を見つけ，連絡先の派遣会社に問い合わせをしたところ，

県庁が初の外部委託で秘書を募集していることがわかりました。教育長の秘書として 4 年間勤務した後，現在副知事秘書として勤務しています。秘書業務としては，スケジュール管理や環境整備，旅費の精算や公用車の管理などを担当しています。

⑵　一皮むけた経験

「このような秘書はいない」と内部のみならず外部からも評価をもらったことです。例えば来客が傘の忘れ物をした際，梅雨の時期で困っているだろうと思い，外出のついでに届けたところ，実は困っていた，有難かったと喜んでもらいました。時期によってお茶やおしぼりの温度に気を配り，細やかな心遣いに喜んでもらうことも多々ありました。

⑶　危機との遭遇

父から紹介してもらった協会の仕事を辞めてしまったときが一番悔しかったといえます。父は仕事を紹介してくれた後に62歳の若さで亡くなってしまったため，父が命に代えて紹介してくれた仕事だと思っており，それを手放さなければならなかったときは，本当につらい思いをしました。一生の仕事だと思っていましたが，自分の命に関わることでもあったので，辞めるしかありませんでした。

⑷　メンター・サポーターとの出会い

今でもお世話になっていますが，高校 2 年生の時に出会った元客室乗務員の先生から，マンツーマン指導で就職活動を支えてもらったことは心から感謝しています。また，日本秘書クラブ九州支部でお世話になった先生方やメンバーの方々からたくさんの良い刺激をもらっています。

2 - 2. その他の要因

職場の状況要因をみてみると，派遣秘書であるため，今後もこの仕事を続けることができるのかはわかりませんが，秘書検定 1 級を取得していたため，副知事の秘書になることができました[56]。知事秘書は県庁の職員であり，副知事の場合も出張など外出の際の随行は県庁職員である男性秘書が担当しており，派遣秘書との役割分業があります。

上役に関わる要因としては，副知事は自分の娘のように信頼してくれているので，その期待に応えたいと業務に励んでいます。レクチャー[57]などのスケジュール管理は秘書にまかせられており，男性秘書が独断で面会を断ってしまう来客に対して，それとなく副知事に確認するようにし，客とのパイプ役になるよう努めています。

家族状況要因としては，夫は家事や育児に関して，全て G 氏にまかせきりであったので，協会のインストラクター時代は本当に大変でした。県庁で秘

[56]　知事秘書はスケジュール管理や来客の応対などを担当するのは派遣秘書で，なおかつ秘書検定 1 級取得者である。

[57]　ある事柄や行事などについて，知事や副知事などに知識を得てもらうための会議。

書となってからは，子どもは親の手を離れ，夫は家事を分担してくれるようになりました。

2-3. 小 括

G氏は現役の秘書でもあり，県庁秘書室に所属しているグループ秘書です。今後，同一組織内でのキャリアが展開されるのかみていきたいと思います。秘書業務の四層理論（図4-1参照）を考えると，秘書としてはbc部分の業務が中心で，職務上役割分業があり，主にスケジュール管理や来客の応対などを担当していることから「間接補佐型秘書」であるといえるでしょう。G氏のキャリアの場合，客室乗務員という夢を持っていましたが，両親との意思疎通がうまくいかず，銀行に就職，その後はもう一つの夢であったマナーインストラクターに転身しています。さらに，結婚・出産・子育てを経て，これまでの職務経験を活かしながら図書館司書を経験し，県庁秘書へと転身しています。D氏と同様，自分の目標を修正しながら，キャリアを展開しているところから，金井の提唱する「キャリア・トランジション・モデル」が想起されます。

3 間接補佐型秘書のキャリア形成Ⅳ-3 （受動性と間接補佐）
：グループ秘書

3-1. 個人状況要因

⑴ プロフィール

H氏は，1959年生まれで，福岡県の出身です。地元の高校を卒業後，短期大学英文科に進学しました。卒業後は，父親が市役所に勤務していたこともあり，地元の市役所で半年間アルバイトをしていました。地元の新聞に新聞社嘱託社員採用募集の記事を見つけ，50人の応募者の中から4人が採用されました。1980年10月1日に入社し，研修後の配属先は秘書部でした。会長・社長は秘書部長と先輩秘書が担当し，常務取締役3名，監査役3名，相談役2名の秘書業務を担当，11年間秘書部に勤務しました。役員のスケジュール管理は一括して秘書部長が行い，主に来客や電話の応対，郵便などの「業務サポート」を中心に担当していました。

1986年の男女雇用機会均等法の施行により，嘱託社員を正社員化する動きが社内で高まり，1年間の研修が行われ，秘書部から経営企画室に異動になりました。同部署では長期経営計画，中期経営計画，予算などに10年ほど携わりました。当時の上司である経営企画委員長から管理部門から営業に異動してみないかと提案してもらい，広告局マーケティング部門に異動になりました。幅広い年齢層の読者に新聞の価値を感じてもらい，実際に読者がどの

ような記事に関心を示しているのか，新聞に広告を掲載してもらうためのあらゆる数値をデータ化する仕事を担当していました。その後，2008年に新商品開発チーム，2009年には販売局法人企画部に異動し，ホテルの各客室に新聞を入れてもらうなど，2年ほどホテル営業を担当しました。2012年にお客様センターに異動し，読者がどのような紙面に反応して，どのようなことを知りたいのか，読者の声を紙面に反映させる調査を担当しました。また，新聞社の社員を外部に派遣する講師派遣を担当し，地域とのつながりの重要性を再認識しました。2013年からは企画事業局地域づくり事業部に異動し，美術展やいけばな展など新聞社主催の事業を幅広く担当しています。

⑵　一皮むけた経験

　広告局マーケティング部門に勤務しているときに「九州データブック」や「どんたく通信」などの広告の媒体資料やメディアのマーケットデータを作成した際は，夜中まで校正作業に追われ，自分でやり遂げた実感があり，自信になりました。

⑶　危機との遭遇

　経営企画室時代に両親が同時期に病気になり入院したときは，病院と勤務先との往復で体力的にも精神的にも追いつめられました。その時は退職を考えましたが，今では辞めなくてよかったと心から感じています。数年後に父親が亡くなり，現在母親は隣に暮らしており，安心して働くことができています。

⑷　メンター・サポーターとの出会い

　秘書部時代の先輩には，立居振舞いから勤務における姿勢まで，あらゆる面でサポートしてもらい，彼女の包容力に随分と助けられました。入社当時は秘書部という独特の雰囲気のなか，毎日が緊張の連続でこのまま仕事を続けられるか不安でした。先輩や同僚たちのおかげで辞めずに続けることができたと感じています。また，秘書のネットワークにおいて，他社の先輩からたくさんの知人を紹介してもらい，人との繋がりの大切さを実感しています。

3-2.　その他の要因

　上役に関わる要因は，歴代の役員を担当してきましたが，明るく元気なことが取り柄で，皆孫のように接してくれました。それぞれの役員の性格に合わせて，先を予測しながら仕事をしていました。

　職場状況要因は，1986年の男女機会均等法以降，社内の制度も整い，女性の部長が3名，デスク（課長職）が20名おり，新入社員の男女比はおおよそ半数で，少しずつではありますが，男女ともに働きやすい職場へと変化しています。

家族状況としては，入社3年目に結婚しましたが，子どもはなく，母親も元気ですので，介護などの負担はありません。

3-3. 小 括

　H氏はグループ秘書であり，秘書部から経営企画室に異動し，その後，広告局から販売局を経て企画事業局へ異動していることから「配置転換型キャリア展開」のパターンであるといえます。秘書業務の四層理論から考えると，bc部分の業務を中心に担当していることから，「間接補佐型秘書」であるといえるでしょう。H氏のキャリアの場合，短期大学を卒業後，市役所のアルバイトからマスコミ業界に転職しました。そこで，秘書部に配属され，11年間同部署に勤務しています。嘱託社員から正社員になってからの異動は全て受け入れ，「目の前のことを一生懸命やること」の大切さを話してくれました。H氏のキャリアは，高橋（2003）の「自律的キャリア形成理論」を想起させ，高橋は日々の仕事における連続的なプロセスとしてキャリアを捉える考え方が重要であると主張しています。これは，日々の仕事に主体的に向き合っていこうとする自律的なジョブデザイン行動をとっていた結果として振り返ってみると，満足のいくキャリアができていたというケースが多かったという調査結果に基づいています。

4　職場学習論からみるブレーン秘書のキャリア形成

　秘書のキャリアをみると，他者から様々な形で支援を受けていることがわかります。ここで，他者からどのような支援を受けているのかという職場学習論[58]の視点からみてみます。中原（2010）は，職場において人々が他者[59]から受けている支援を「業務支援」「内省支援」「精神支援」の3つに分類しました。これら3種類の支援が，どのような人々からもたらされているのかを分析しています。「業務支援」とは，業務に関する助言・指導を指しており，「内省支援」とは，折に触れ，客観的な意見を与えたり，振り返りをさせたりすることです。「精神支援」とは，折に触れ，精神的な安らぎを与えたりすることをいいます。

　ここで，8名のキャリアを見てみると，メンター・サポーターとして，いずれの場合も「社外の人」を挙げています。C氏の場合は，職場における上位者・先輩を挙げているが，A氏とD氏の場合は，支援を受けるべき人物が身近にいないことも影響しています。A氏の場合，ジャーナリストである先輩からの「内省支援」を挙げています。B氏の場合は，「社外の人」からの「内省支援」を挙げています。D氏は，外部講師からの「内省支援」，研究会での活動，テレフォンサービス部門や秘書としての能力を磨くために，秘書

[58] 職場学習論は，構築主義（constructionism）が一つの元になっており，構築主義とは，現実（reality），つまり現実の社会現象や，社会に存在する事実や実態，意味とはすべて人々の頭の中で作り上げられたものであり，それを離れては存在しないとする，社会学の立場である。近年，アンソニー・ギデンス（Anthony Giddens）やウルリッヒ・ベック（Ulrich Beck）が構造化理論や再帰的近代化論を提唱し，現代社会学に大きな影響を与えている。
[59] 調査回答者には「かかわりの深い人」を2名挙げてもらい，下位カテゴリーには「同じ職場の人」「他の職場の人」「社外の人」という3つの水準がある。

検定1級に挑戦し，英会話を勉強したことを述べています。E氏は「社外の人」からの「内省支援」を挙げており，F氏は上位者・先輩からの「業務支援」を挙げているが，研究会の重要性も語っています。G氏は外部講師からの「内省支援」，日本秘書クラブ九州支部での活動を挙げています。H氏は上位者・先輩からの「業務支援」と「内省支援」を挙げていますが，上記のみならず，「社外の人」からの「内省支援」も挙げています。秘書職において，グループ秘書の形態であれば，上位者・先輩からの支援を受けることが可能ですが，秘書室などがない場合，支援を受ける人を他部門や外部に求めざるを得ず，社外の交流会や研究会*60の果たす役割は大きいといえます。以上のことから，秘書職経験者のキャリアに，「社外の人」からの「内省支援」が大きな影響を与えているといえるでしょう。

*60　福岡では，公益財団法人実務技能検定協会が母体である「日本秘書クラブ九州支部」や「福岡女性秘書研究会」，一般社団法人日本秘書協会の地方研究会などが開催されている。

5　まとめ

　秘書のキャリアを4つの要因（直接補佐〜）から詳述し，職場学習論から分析しましたが，これまでに8名の秘書職経験者のキャリア形成を分析してきました。これら秘書のキャリアから，座標の縦軸に業務において「判断性」が求められるかどうかを設定し，「判断性」と「受動性」の方向に分けます。横軸に上役本来の業務を直接的に補佐する仕事に従事しているのかどうかを設定し，「直接補佐」と「間接補佐」の方向に分けると下記のように類型化できるでしょう。

　A氏とB氏は業務サポートのみならず，経営サポートも行っていることから「直接補佐型秘書」といえるでしょう。C氏は個人付き秘書の形態ではありますが，現在は「業務サポート」を中心に補佐していることから，業務に関する「判断性」が求められるに留まる「間接補佐型秘書」といえるでしょ

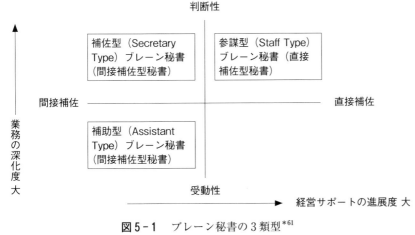

図5-1　ブレーン秘書の3類型*61

出所：筆者作成

*61　左上の象限の間接補佐型秘書は「補佐型ブレーン秘書」，右上の象限の直接補佐型秘書は「参謀型ブレーン秘書」，左下の象限の間接補佐型秘書は「補助型ブレーン秘書」と呼べよう。

う。D氏は，他部署から秘書へと転身し，秘書責任者でもあることから，業務において「判断性」が求められる「間接補佐型秘書」といえるでしょう。E氏は兼務型秘書であり，秘書兼企画・広報の窓口でもあることから，業務において「判断性」が求められる「間接補佐型秘書」でしょう。F氏は，業務サポートを中心に担当していることから「間接補佐型秘書」でしょう。G氏は職務上役割分業があることから「間接補佐型秘書」でしょう。H氏は，来客や電話の応対，郵便などの「業務サポート」を中心に担当していたことから「間接補佐型秘書」でしょう。

　ここで言及したブレーン秘書の3類型の典型的ケースの特徴は，以下のようになります。＜参謀型ブレーン秘書＞としてのA氏のキャリアパターンは，図5-2にあるように「起業・創業に継承されるキャリア展開を見ることができるので参謀型のブレーン秘書であったと考えられます。B氏のキャリアパターンは参謀型ブレーン秘書になるために複数の企業（大手電機メーカー，外資系企業，飲食店経営企業での社長付き秘書）でブレーン秘書としてのキャリアパターンを高度化させ，参謀型ブレーン秘書となった事例であると考えられます。D氏の事例は補佐型ブレーン秘書から，ラインの役職に転換していますが，秘書業務としてはbc部分を中心に行っていることから，Secretary Typeのブレーン秘書と考えられます。

　C氏のキャリアは，電力会社の秘書から市役所を経て，医療法人の秘書として勤務していることからB氏と同じく「秘書から秘書への転職型キャリア展開」のパターンです。キャリアパターンからは，補佐型のブレーン秘書に分類するのが適切でしょう。E氏の場合は，ホテル業界から人材派遣会社へと転職し，社長秘書から研修講師へと転身していることから，「配置転換型キャリア展開」のパターンといえるでしょう。同じくキャリアパターンからは，補佐型のブレーン秘書に分類するのが適切でしょう。

　また，F氏の場合は，秘書から広報分野へと異動していることから，「配置転換型キャリア展開」のパターンでしょう。さらに，G氏のキャリアをみると，マナーインストラクターから現在秘書へと転身していることから，「インストラクターからの転身型キャリア展開」のパターンといえるでしょう。H氏の場合は，秘書部から経営企画室，広告局などを経て，現在企画事業局へと異動していることから，「配置転換型キャリア展開」のパターンでしょう。F氏・G氏・H氏は，配置転換型および転身型キャリアパターンですが，経歴からして補助型ブレーン秘書に分類することが適切でしょう。

　また，秘書職経験者のキャリアにおいては，個人状況要因，職場状況要因，上役に関わる要因，家族状況要因という諸要因が関連しており，特に職場状況要因や家族状況要因が大きな影響を与えていることがわかりました。さら

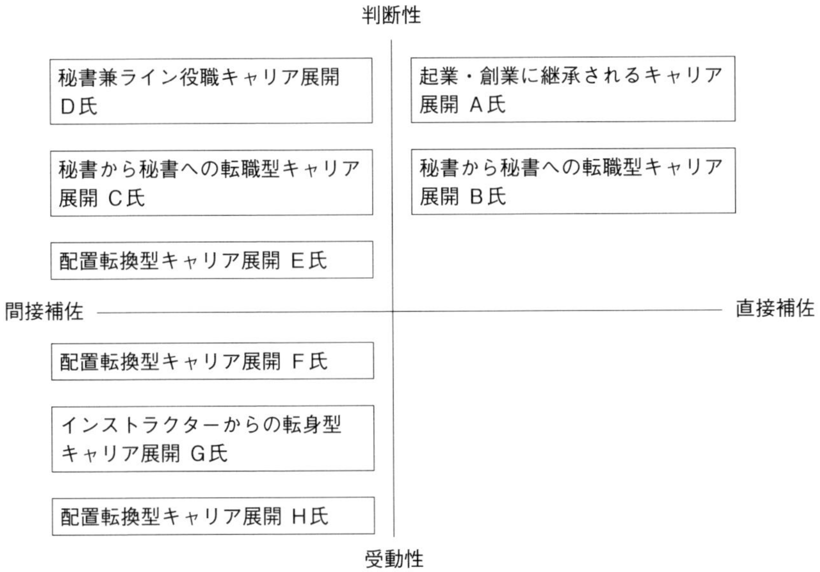

判断性

秘書兼ライン役職キャリア展開 D氏	起業・創業に継承されるキャリア 展開 A氏

秘書から秘書への転職型キャリア 展開 C氏	秘書から秘書への転職型キャリア 展開 B氏

| 配置転換型キャリア展開 E氏 | |

間接補佐 ――――――――――――――――――――――――――――――――― 直接補佐

配置転換型キャリア展開 F氏

インストラクターからの転身型 キャリア展開 G氏

配置転換型キャリア展開 H氏

受動性

図5-2　ブレーン秘書のキャリア形成の特徴

出所：筆者作成

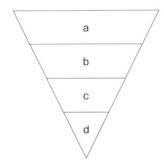

図5-3　秘書業務の四層理論の展開

出所：田中篤子（2002：109）を参考に筆者作成

に，キャリアの節目において夢や目標を修正しながらキャリアを展開し，その中でメンター・サポーターとの出会いが重要であることもわかりました。

　最後に，今後の秘書のあり方として，秘書の四層理論から考えると，a部分の経営面が拡大する逆三角形の形をとっていくのではないでしょうか。現に，リーガル秘書やメディカル秘書などの専門秘書の場合，図5-3のような業務内容でしょう。今後，企業における秘書もますますa部分の「経営サポート」に携わることを求められるでしょう。

　つまり，秘書職の本質は「経営サポート」と「業務サポート」にあり，秘書自身が「判断性」を求められる業務や「経営サポート」にも参画し，ITや他人では代理がきかない仕事を目指すことで，秘書の存在意義が再認識され，今後もセミプロフェッションとしての道が開けるものと思われます。

第6章 日本の秘書史とその職務の変遷

1 秘書前期—古代から江戸時代まで

1-1. 古代国家における秘書の原形

わが国では，弥生時代に人々が農耕を始め，穀物を生産するようになると，生産物の一部を取り立て，それによって生活する首長など支配者と農民などの支配される人との違いが生まれ，半階級的存在としての共同体ともいうべき古代国家が生まれました。支配者は，軍隊や役人のしくみなど，統治組織を手がけました。そこには，支配者に付いて身辺の雑務や被支配者との間の取次ぎなどを行う役割が生まれたのではないかと推察できます。3世紀頃においてはすでに100余の小国が存在していましたが，3世紀半ばに邪馬台国の女王卑弥呼が強大な指導力を発揮して，約30国を統治していました。卑弥呼は呪術を使って民衆を掌握していましたが，女王になってからは王宮近くに住み，民衆とほとんど接する機会をもちませんでした。政治的な補佐は弟が行い，そのほかに，女王の飲食の世話や女王と臣下との間を取次ぎ，双方の意思伝達の職務を担っていたと思われる男子が一人いたと，『魏志倭人伝』などの中国の史書に記されています。書記的な仕事をしたかどうかは明らかではありませんが，巫女である女王が介する神の言葉を伝える使者として，相応の権威をもっていたものと想像されます。

1-2. 律令時代まで

秘書史上で古代の著名な秘書といえば，わが国では稗田阿礼[*62]を挙げることができます。天武天皇（673〜680）に仕えた舎人[*63]であった阿礼は，非凡な記憶力をもっていたとされ，天皇が諸家の伝承を彼に暗記させて，それを太安万侶が記録し，712年に『古事記』が出来上がったといわれています。この舎人とは殿侍が語源であり，秘書に近い職務だと考えられます。

一方，官職として最初に現れる職名は，大宝律令（701年）によって制定された「中務省[*64]」の「図書頭」です。律令制は中国の官僚制に倣ったもので，その頃の中国では「秘書監」という職が存在し，「秘書」とは秘密の書物，「秘書監」とは宮中の図書や秘密事項に携わる職のことでした。図書頭は，そのような意味において付けられた職名です。したがって，当時の秘書は，文書秘書としての役割が主だったと思われます。また，わが国では前

*62　生没年不詳。7世紀〜8世紀初めの舎人で，天武天皇の命により『帝紀』『旧辞』を誦習。それを712年元明天皇の命で太安万侶が筆録したのが『古事記』であるといわれている。女性だとする説もあるが，根拠は乏しい。

*63　天皇・皇族などのそば近くに仕え，雑務や警護にあたった下級官人。

*64　律令制下の八省の一つ。詔勅・上奏など天皇側近の事務を担当。

述のとおり，唐の律令制を摂取することにより整備されたといわれています。
こうしてできた律令官制の中には，様々な職務が生まれました。天皇に直接
関係する職務として，例えば次のようなものが挙げられます。

（ア）天皇の身の回りの世話や，私的事項・雑務を引き受ける職務

（イ）天皇の文書や言葉を参議に，参議の文書や言葉を天皇に取り次ぐ職務

（ウ）機密文書を作成し，各種文書を整理保管する職務

　こうした職務は，それぞれ一つの部署が担当したり，または複数の部署で
担当したりしていました。（ア）と（イ）の職務を担当した「侍従」は天皇
の身の回りの世話など雑務を担当し，日常的な行事の範囲で天皇に助言を行
い，天皇と臣下とを取り次ぐという職務も担当しました。

　また，（ウ）の職務を担当した「内記」は，天皇の意思を書き記した詔勅，
人事記録である位記，天皇への上奏文など，機密文書の作成と宮中の記録を
扱う職務など文書事務に関する職務を担当しました。職務柄，機密文書を扱
うことにより機密事項に携わる機会が多かったと思われます。内記には，儒
学を修め，文章に秀でた人物が登用されました。したがって，侍従や内記は
現代のブレーン秘書に近い仕事を担当していたものと思われます。

1-3. 平安時代から江戸時代まで

　平安時代の810年には，嵯峨天皇のもとに「蔵人所*65」という機密文書や
訴訟についての仕事を担う部門ができ，その官僚を「蔵人」といいました。
その設立経緯は，以下のとおりです。平城上皇は，その寵愛する藤原薬子の
陰謀により，嵯峨天皇と対立しました。嵯峨天皇にとって困ったことは，藤
原薬子が内侍司の長として，天皇の機密文書に携わる立場にあったため，天
皇側の機密事項が上皇側に筒抜けの状態になってしまうことでした。そこで，
嵯峨天皇は兵を出し，薬子を自殺に追い込み，新たに機密文書や訴訟に関す
る職務を扱う機関として，弘仁元（810）年に蔵人所を設置しました。この
一連の出来事が「薬子の変」です。蔵人所の職務は当初，機密文書や訴訟だ
けでしたが，次第に広がっていき，次のような範囲に及びました。

• 天皇の身の回りの世話や宮中の雑務。例えば，天皇の私的事項，天皇の使
　い，儀式と宴会，宮中の警備・取締り，皇室経済の管理と物資の調達など

• 天皇の言葉や文書を参議に，参議の言葉や文書を天皇に取り次ぐ職務

• 文書の作成，機密文書の取り扱い，各種文書の整理保管など，文書事務に
　関する職務。例えば，天皇の私的事項や宮中の雑務に関する文書（蔵人
　宣）の作成，天皇の書き表した詔勅やその他の機密文書の取り扱い，およ
　び各種文書の保存など

　このように，蔵人所は，天皇に近侍して雑務を担当する側近官，天皇と参

*65　令外官の一つ。機密文書の
保管，詔勅，宮廷の諸雑事などを
つかさどる常設の役所。

*66 定員は2名。一人は弁官から，一人は近衛府の官人からあてられるのが常であった。前者を頭の弁といい，後者は頭の中将といわれた。

*67 昔の儀式，作法，服装などの定め・習わしなど

*68 江戸城本丸内にあり，大老・老中・若年寄が常時詰めて幕政の協議と執務を行った部屋。初め将軍居室に近い中の間を当てたが，1684年に大老堀田正俊が稲葉正休にここで刺された後，少し離れた膳立の間に移された。なお，各藩の藩庁や江戸屋敷でも家老が執務する部屋を御用部屋と呼ぶこともあった。

議や臣下との間を結ぶ取次ぎ官，さらに文書の作成，取り扱い，整理保管などを行う文書事務官などの役割を担っており，先にみた律令官制における天皇に直接関係する3つの職務を継承し，集大成したことになります。また，蔵人所の長官である「蔵人頭*66」は，天皇の命を受け，様々な情報活動にも携わっていました。したがって，蔵人所で働くことは役人の憧れであり，昇任の登竜門でした。蔵人所の長官である蔵人頭や担当者である蔵人は，天皇に近侍することから，特に家柄や人物が重要視され，例えば天皇がまだ皇太子の時分から側近くで仕えていて，深い信頼関係が出来上がっている人物などの中から登用されました。初の蔵人頭には，皇太子時代から信頼関係が築かれていた近臣の藤原冬嗣と巨勢野足の2人が充てられました。

　鎌倉時代に入ると政治を司る政所，裁判を司る問注所，軍事警察としての侍所がおかれ，政所や侍所の長官は別当，問注所の長官は執事と呼ばれていましたが，この執事の下に寄人または右筆衆と呼ばれる秘書的な役割を司る者が付いていました。この時代以降の武家政治では，従来の公家政治の故実*67を踏襲しており，武家政権の初期には故実に明るい者が存在しないため，公家の応援を得ていました。その後，この故実に明るい右筆衆を文書事務の専門担当官として養成し，執政者の側近として任務にあたらせていたのです。一般に，文書の作成方法は公家は自筆を，武家は右筆書きをそれぞれ原則としており，右筆が専門職として武家社会の政治機構に組み込まれるのは必然でした。

　江戸時代には，右筆衆が複数になり，さらに発展しました。第5代将軍綱吉（在職1680〜1709年）の時に御用部屋*68がつくられたのを契機に表右筆と奥右筆に分かれました。表右筆は各種記録の作成，一般的調査，政務の通知文書の作成，幕府諸部門の文書作成の援助など一般文書全般の書記的な業務を担当していました。これに対して奥右筆は，老中の執務する御用部屋に出入りし，機密文書の作成・取次ぎ，幕府の出す法令の作成，刑罰，高官の人事，財務，政務調査，老中職の記録などにあたって老中を補佐していたことから，とりわけ権勢を誇ったといわれます。その職務内容を詳述すると，

• 重要文書や機密文書を作成（清書）し，その取次ぎを行う
• 政務に関する事項を，有職故実に徴してその当否を調べる
• 高官の人事について調べる
• 老中の職務について記録をとり，整理保管する

などでした。おそらく老中の側近くにいて機密文書を扱っている中で，同じ機密事項である人事や調査も担当するようになり，職務の範囲を広げていったものと思われます。なお，当時の機密に関する会議は御用部屋で行われていましたが，出席者以外の役人で出入りが許可されていたのは奥右筆だけで

した。さらに，職務柄，機密事項に携わる奥右筆は，外部の者との接触およ
び機密を守ることなどについても厳しく規制されていました。各藩にも類似
した右筆制度がおかれました。

　また，綱吉の時代には，最初の側用人が設置されました。時代の経過に関
係なく統治組織のトップにある者は，権威保持のためと組織効率を図るため，
取次ぎという職務を分化させることがあります。江戸時代の藩幕組織におい
ても同様で，綱吉はそのような職務を分化させ，その担当者として側用人を
おいたのです。側用人は，もと近習出頭役といい，常時将軍の側近にあって，
老中に準ずる待遇を受けていました。徳川家には大奥というものがあり，こ
の大奥は女性のみで構成されていました。将軍の正室や側室というような女
性と，それらに従う腰元女中だけをおいて，男性の出入りは一切禁止されて
いました。医師だけは特別に出入りを許可されていましたが，文字どおりの
男子禁制地帯だったのです。この大奥に生活している将軍が，執務をする場
合，御用部屋にいる大老，老中，若年寄が何かの政務を決定した場合，これ
を将軍にはかることになっていますが，老中でさえも大奥に入ることは許さ
れませんでした。そこで側用人が，老中たちのいわば稟議書を大奥の将軍の
ところへ持っていくのです。この側用人が秘書的な役割を担っていました。
側用人は，将軍と老中たちとの間の文書やその他の連絡を取次ぎ，将軍の身
の回りの世話などを行っていたといわれます。徳川時代の側用人は，組織上
は大老，老中，若年寄よりもはるかに下の役でしたが，大奥に直接出入りが
でき，将軍に近侍するという特権が変形し，徐々にこの側用人が勢力を得て，
いわゆる側用人政治というものが行われるようになりました。

　側用人の多くは譜代大名から選ばれましたが，歴史上有名なのは，柳沢吉
保（1658〜1714年）[69]，田沼意次（1719〜1788年）[70]などです。この田沼意次
は歌舞伎における千葉県佐倉の佐倉惣五郎の話によって悪名高く伝わってい
ますが，彼は佐渡金山の開発や印旛沼の干拓事業，長崎での海外貿易振興な
ど政治上大きな役目を果たしています。また，舟橋聖一の小説『絵島生島』
に出てくる間部詮房（1667〜1720年）[71]という側用人は，あまりの専横のた
め高崎五万石から越後に流される結果になりました。当時，彼は江戸の学者
新井白石（1657〜1725年）とともに，大老，老中，若年寄よりも権勢を振るっ
たこともありましたが，女中頭であった絵島がおこした歌舞伎役者の生島新
五郎（1671〜1743年）との絵島事件[72]をきっかけに遂に失脚し，高崎五万石
を追われ，北陸の片田舎である越後に流されたのです。このように徳川時代
の側用人は，3代家光以降の後代において，皆相当の勢力と実権をもってい
たため，当時の将軍の秘書は権威をもっていたといえます。結果的に，綱吉
時代の側用人柳沢吉保は老中に準ずる地位に，家治時代の側用人田沼意次は

*69　江戸中期の5代将軍徳川綱
吉の側用人で，初名保明（やすあ
きら）。上野（群馬県）館林藩主
であった綱吉の小姓となり，綱吉
が将軍になると次第に立身して
1688年に側用人に任じられた。武
蔵（埼玉県）川越城主，甲府城主
と転じた。元禄期（1688〜1704
年）の文治政治を推進し荻生徂徠
を儒臣に登用したが，綱吉の没後
隠居した。東京都文京区にある六
義園は，吉保が築造した庭園であ
る。

*70　江戸中期の幕府老中で紀伊
（和歌山県）藩出身。徳川家重の
小姓となり，家重の将軍就任後大
名となる。1767年，10代将軍徳川
家治の側用人となり，権勢をふる
い，1772年に老中，83年長子意知
を若年寄として勢力をきわめた。
しかし，賄賂が横行し，政治への
批判も強まり，1786年家治の死後
失脚。意次が政治を担当した時代
を田沼時代といい，商品経済を助
長し，商業資本と結んで幕府財政
を再建しようと試みたが，1782〜
1787年天明の飢饉で農村が荒廃し，
百姓一揆・打ちこわしが続出する
中で幕府に非難が集中した。

*71　江戸幕府6代将軍徳川家宣
の側近。甲斐甲府藩主綱豊の小姓
となり，その寵愛を受け，1704年
綱豊（改名して家宣）が5代将軍
綱吉の継嗣となると幕臣に加えら
れ，1709年に昇進，翌1710年に上
野高崎藩主となり幕政に重きを
なした。7代家継を補佐して政治の
実権を握り，新井白石とともに政
局に当たった（正徳の治）。1716
年吉宗継位とともに失脚した。

*72　江島事件ともいう江戸中期，
江戸城大奥の風紀紊乱事件。1714
年，将軍徳川家継の生母月光院に
仕えた奥女中絵島が木挽町山村座
で遊興していたことが発覚。当
時の人気役者生島新五郎との乱行
の罪で信濃国高遠に流された事件
で，幕府は大奥を取り締まるため
この事件を利用し，特に厳罰に処
した。連座者は1,500余人にも及
び，山村座は廃絶した。この事件
は明治期以降歌舞伎狂言の題材と
なり，『宝来曾我島物語』など多
くの作品となっている。

＊73　幕府最高の役職で，筆頭者（老中首座）は事実上の執政として幕政を主導した。老中首座は現在の内閣総理大臣に相当する。

＊74　江戸時代，商家の奉公人のうちで最高の業務支配人であり，丁稚，手代を経た後この地位についた。

＊75　江戸時代の商家の奉公人で，番頭と丁稚の間の身分であった。住込みで，給金を支給され，一人前の店員として扱われた。当時は，丁稚を数年から十数年務め上げて27〜28歳でなるのが普通であったが，早いものは17〜18歳，遅い者は30〜40歳でなる例もあった。

＊76　江戸時代，商家に年季奉公した年少者。10歳前後で雑役や使い走りに従事し，無給で年2回盆と正月に仕着（衣服）と小遣い銭をもらうのみであった。禁酒禁煙，綿服，羽織着用禁止などの制限があった。

＊77　1878（明治11）年，郵便汽船三菱会社の場合には，創業者岩崎弥太郎に直属し，その庶務一切を担当する「内方」が創設されている。内方は，社長家の会計業務，私的な事柄の処理，社長の身の回りの世話，特命事項などを担当していた。内方の長である内方元締役は，会社の重役を兼ねることもあった。

老中＊73に出世したほどの重要人物であり，業績を上げた人の数は多いのです。

2　秘書後期—明治時代以降

2-1. 明治・大正時代の秘書

　江戸中期以降の金銀貨など貨幣使用の普及にその端を発する商家では，伝統的に主人が番頭＊74，手代＊75，丁稚＊76などの職階の奉公人を雇って，家族的結社を営んでいました。家族的結社の活動は少人数で行われ，出資者はその家族や親族などであるのが普通でした。職務や組織も明確に分かれているわけではありませんでした。例えば，店の職務と，主人の家の職務との間に明確な区別はありませんでした。実際，主人の家の会計を含む様々な雑多な事務を担当している者が，店で主人の庶務を手伝うこともありました。したがって，主人の家の長としての私的人格と，店の主人としての公的人格の両方についていたことになります。使用人は，商売のかたわら主人の私事をも手伝うことが普通であり，主人の経営者活動を広い範囲で補佐していたといわれます。その任にある彼らは，主人および主人の家とは古くから個人的な知人であるとか，特殊な私的関係にある人で，すでに強い主従関係で結ばれている側近的な人物であることが多かったそうです。しかし，組織が整備されるようになると，店と家との職務も区別されるようになり＊77，彼らも店に入って主人の庶務を手伝う者と，家で主人の手伝いをする者とに分かれていきました。

　家族的結社では，主人の家および主人の庶務一切を職務とし，主人および主人の家と主従関係にある私的側近者が，その任にあたりましたが，やがて組織が整備されるとともに主人の庶務という職務が分化して，それを専ら分担する者が現れました。このような商家が事業を拡大し会社組織をつくるようになり，企業の成立をみることになります。当然，企業が維持・発展するために，自らの企業規模を拡大していくこととなります。企業規模の拡大とともに，それまで社長に集中していた職務は，やがて経営，管理，作業という職務に分化していきます。そして，経営という職務を担当する経営者，管理という職務を担当する管理者，作業という職務を担当する作業者に階層分化します。

　経営者や管理者は，職務の量的拡大および質的拡大とともにますます多忙となり，その効率的な職務の進め方を求めるようになります。そのための一つの方法として考えられるのは，本務に付随して派生する職務（庶務）を分化し，それを他人に委譲することです。つまり，経営者・管理者は，自身でしか担当できない職務や自身でやるべき職務など本務に専念し，自身でなくてもできる職務など庶務をできるだけ他に分担させるようになります。そこ

で，経営者・管理者を上役として，上役の庶務を代行する秘書が登場しました。当時の社長などは，こうした自分の庶務業務を担当する秘書をおくことが，一種のステータス・シンボルにもなっていたようです。

　当初，上役の庶務業務は個人的ニーズが強く反映し，身の回りの世話といった雑務が多かったものと思われます。しかし，企業規模の拡大とともに上役の庶務は，組織的ニーズを受け，より具体性を帯びることになります。つまり，上役のスケジュール管理，出張随行，上役と関係者との取次ぎ，来客応対，上役の部屋や応接室の整備，慶弔，上役が関係する秘密会議の書記など，上役の付随的・周辺的な職務が派生していったのです。また，例えば，人事，財務，企画，調査，特命などという機密事項に関連した職務も加わるようになり，秘書の職務は多様化していきました。こうした職務の担当者は，必ずしも先の家族的結社の場合のような私的側近者ではなく，その職務に適した人物が社員の中から選ばれたようです。

　さらに，秘書という職名が初めて公式に用いられたのは，1872（明治5）年10月13日の海軍省の職制であり，海軍省秘史局に秘書官，権秘書官，大秘書，小秘書，秘書副がおかれました。1886（明治19）年には，内務省，外務省にも秘書官がおかれるようになりましたが，これらは大臣級の高官に属して機密を扱い，文書事務，日程管理などをその任務とし，今日的な秘書の職能にも通じるものがみてとれます。つまり，近代日本の秘書は，官僚組織の中から生まれたといえるでしょう。

　民間企業では，秘書部門が明治中期以降に主として金融業界におかれています。1876（明治9）年には三井銀行に初めて秘史掛[78]が設置されました。さらに，1890（明治23）年には，日本銀行において秘書役が設置され，その職務内容は「総裁に直隷して，秘文書などを取り扱い，また行内職員のことを掌るもの」としています。つまり，秘書の職務は，秘文書と人事に関することでした。

　大正時代になると，秘書の役割を果たす人は，政府や銀行などに限らず，一般企業にも増え，出世街道への登竜門としてみられるようになりました。このように，民間企業における秘書部門の設置は，各業界に普及していくのですが，その職務内容は，やはり日本銀行の影響を受け，秘文書と人事に関するものが多かったといえます。なお，こうした秘書部門は組織的には上役のスタッフ機関である総務部や役員室などの組織の一部として，あるいは上役の直属スタッフ機関として独立した秘書室や秘書課などとして位置づけられていました。

[78]　1898（明治31）年には秘書係となる。

2-2. 昭和時代の秘書

　戦後，わが国の企業の経営管理者たちは，積極的にアメリカ経営学を導入しようとし，現地のビジネス現場を視察しました。その際，経営者・管理者を補佐している女性セクレタリーの活躍に注目し，そうしたセクレタリーの働きと形態を経営管理の手法の一つとして導入しようと試みたのです。

　しかし，わが国の企業において，こうしたアメリカ型の専門化されたセクレタリーの働きと形態の受け入れ体制がまだ整っていませんでした。つまり，アメリカでは職務を遂行する場合，職務を細分化し個々の職員に分担させ，各職員はセクレタリーと一緒にその職務遂行の責任を負っていましたが，わが国では課という集団がグループで職務を分担しており，課長の秘書的な仕事は課員が担当していました。また，秘書の養成機関もほとんどなく，秘書を使いこなせる経営者・管理者も少なかったのです。しかし，秘書が経営管理上必要であることには違いがなく，その働きとして主に上役の庶務代行を，形態としては集団で上役を補佐するグループ秘書という日本的な形となって取り入れられました。このような秘書部門では，男性がスケジュール管理や文書作成などの熟練を要する仕事を担当し，女性が非熟練の仕事というように，性別による役割分担が定着していました。ただ，その所属する職場，大・公使館，外資系企業，一般企業などによって異なると思われますが，その職務はおそらく男性社員の補助的なものであったと考えられます。高度経済成長期（1960〜1973年）を迎えると，産業界からの労働力確保の要請によって，高学歴（短期大学卒業以上）の女性の事務職への参入が本格化し，この頃から職場の様子に変化が現れました。女性が積極的に職場に進出し，なかでも有能な女性が多数秘書部門に配属されるようになると，女性秘書課員の中から，男性の秘書に代わってスケジュール管理や文書作成などの管理業務を担当するものが出てきたのです。

　1980年代になると，OA機器が積極的に導入され，秘書部門においては，秘書としてキャリアを積んだ女性の中から，秘書課長を輩出するようになりました。伝統的に女性の役割分担として期待されたお茶出しなどの職務を通して上役と接するうちにその信任を得たこと，および女性を戦力化しようとする経営者側の意図が，このような結果を生んだものと考えられます。また，1980年の短期大学秘書科の設置認可を受け，1982年頃から短大・専門学校において秘書養成機関が増大し，秘書教育が盛んに行われています。こうした専門の教育機関で秘書教育を受けた多数の人材が，産業界へと送り出されるようになりました。1986（昭和61）年には男女雇用機会均等法が，1999年には改正男女雇用機会均等法が施行され，女性管理職が年々増加しています。そのような中で，最も多いのが秘書室係長や秘書課長，秘書室長 でしょう[79]。

＊79　2009年8月24日付の日本経済新聞夕刊「キャリアの軌跡」において，株式会社セブン−イレブン・ジャパン執行役員秘書室長藤本圭子氏の仕事におけるキャリアが紹介されている。

2 - 3.　平成時代以降の秘書

　企業の秘書室や秘書課で働く秘書のほか，昨今，秘書職が国際秘書，リーガル秘書，国会議員政策担当秘書，医療秘書というように国際化・専門分化しています。国際秘書とはバイリンガル・セクレタリーとも言われますが，母国語と外国語の二か国語，日本語と英語を用いて秘書業務にあたる秘書のことです。ビジネスの現場で英語でのコミュニケーションができる高度な語学力と異文化を理解する国際感覚が必要とされます。外資系企業にのみ国際秘書が必要というわけではなく，ますます国際化するわが国の企業では，トップが外国人に入れ替わるケースも珍しくなく，その上役の指示，命令，報告，連絡等を的確に伝えるために，今後も国際秘書は不可欠な存在となるでしょう。1979年から社団法人日本秘書協会では国際秘書検定（CBS：Certified Bilingual Secretary Examination）を実施しています。

　リーガル秘書は，弁護士事務所で弁護士の業務をサポートする秘書のことです。弁護士やクライアントとのコミュニケーションを円滑化することのできる人材が求められ，慎重かつ丁寧な仕事を要求されます。秘書と事務員の仕事を明確に分けている事務所では，秘書はクライアントと上司の取次ぎや接待，スケジュール管理といった秘書業務を担当し，事務員は法律の専門知識を必要とする文書作成，事実関係の調査などを担当し，分業がなされている場合もあります。特別な資格は必要としませんが，法律についての一定程度の基礎知識は習得しておくことが望ましいでしょう。

　国会議員政策担当秘書は，国会議員の政策立案や立法活動等を専門的な立場から補佐するための調査研究，資料の収集分析，作成等を担当します。選挙の際には，講演会活動等の業務にも従事します。国会法では，国会議員は職務の遂行を補佐する公設第一秘書，公設第二秘書，主として政策立案及び立法活動をサポートする政策担当秘書の計3名をおくことができ，私設秘書をおく場合，人数の制限はありません。国会議員政策担当秘書になるには，年1回実施される衆議院並びに参議院の主催する国会議員政策担当秘書の資格試験に合格する必要があります。

　医療秘書は総合病院や医院，クリニックなどにおいて医師が本来の医療業務に専念できるようにサポートします。そのほか，上役が学長や学部長など教育機関に属する教育機関秘書，技術研究者につく秘書，芸術家の秘書なども存在します。

3　まとめ

　日本の秘書を歴史的視座で検討してきた中で判明したことは，「秘書は上役のために働いた」「職務内容は上役の庶務と文書事務であった」「元来秘書

は男性の職務であり，それが女性の職務へと拡大した」「秘書は高度の教養をもち，ブレーン秘書であった」「現代の秘書は専門分化している」ということができます。第1に，秘書は組織体のためや不特定多数のためというより，補佐をする特定の人，つまり上役のために働きました。この点は，他の職業や職務と違う秘書の固有な部分です。したがって，秘書は組織上，上役直属の個人スタッフとしてまたは上役直属のスタッフ機関の一員としておかれていましたが，いずれの場合も上役の仕事の効率を上げるため，常に上役の側近くで勤務するという執務体制を執りました。

第2に，秘書職務の主な内容は，上役の庶務と文書事務でした。秘書職務は実に多岐に渡っていますが，歴史上比較的早く現れ，現代にまで共通的に続いているのが，上役の庶務と上役の文書事務です。庶務や文書事務は秘書以外の職業や職務にもみられるものですが，秘書の職務としての庶務や文書事務は，決して不特定多数の人のためではなく，上役のためであるという点で他の職業や職務と違って固有であったといえます。こうした職務を核にし，上役の本務の付随的・周辺的な職務を徐々に取り込みながら現代の秘書が構成されてきたようです。

第3に，元来男性の職務であった秘書が，様々な要因によって，女性の職務へと拡がりをみせています。その要因として，高度経済成長期における産業界からの労働力の要請，女性の高学歴化，男女雇用機会均等法の施行などが挙げられます。ここで，さらに指摘しておきたいのは，女性は安い給与で補佐的業務につくことを辞さなかったということが考えられます。従来，日本の企業経営は男性社会であり，女性の進出は遅れていました。したがって，経営者は男性よりも女性を低い賃金で雇用し，男性の補助的業務につけるようになったと推察できます。プロフェッション論の観点からいうと，医師[80]・弁護士などの専門職には男性が多く，看護婦[81]・秘書などの準専門職には女性という構図が出来上がる様子が秘書職を通してみてとれるということです。

第4に，歴史的考察より，秘書は高度の教養をもち，ブレーン秘書であったと理解できます。古代から文字を操り，上役の指令などを記録し伝達することができた者たちは，歴史上の人物の秘書を見る限り，よほど学問に長け，教養を身につけていたに違いないと思われます。律令時代には稗田阿礼が非凡な記憶力をもって活躍し，江戸時代には柳沢吉保や田沼意次などの側用人が相当の権力と実権をもっていました。ここに秘書職の本質・原点を垣間見ることができます。すなわち，秘書は補佐対象者が持ち合わせていない高度の専門能力をもって補佐するところに存在価値があったのです。今日においてもこの原点に立ち返り，補佐対象者に欠けている能力などを認識し，それ

[80] 近年は，医師という職業に女性の進出が多くみられる。

[81] 現在は，看護師という名称に変更されており，この職業に男性の進出がみられる。

を習得していくことにより，秘書の活躍余地は無限大に拡がるものと思われます。補佐対象者というのは，上役のことですが，古代では女王であり，時の天皇や執政者，将軍や高官ですが，その上役に欠けている能力を身につけ，習得することが重要です。

　最後に，現代は秘書が専門分化していますが，自分が担当する業務に関する専門知識が求められている時代でもあります。つまり，担当分野に関する専門知識を体系的に習得しつつ，日常業務を通して蓄積し，その知識と秘書実務経験をもって，その分野における専門秘書としての基礎を築いていくことです。したがって，その人ならではの新しい分野を切り開いていくことが，これからの秘書には求められるでしょう。「秘書」という職名が公式に用いられた明治時代を境に，秘書職は時代とともに発展し続けています。秘書史を前期と後期に分類し考察したことで，秘書職の発展の歴史が明らかになったのではないでしょうか。

第7章　欧米の秘書史とその職務の変遷

1　古代の秘書の源流とその職務

　秘書の職能は，秘書に与えられた仕事，秘書が遂行しなければならない仕事，秘書の職務上の役割と定義されます。具体的にいうと，ある特定の人物（単数または複数）の補佐役を務めることです。したがって，広い意味では人類が集落をつくり，部族の長が登場し始めた時から秘書の歴史も始まったといえます。そして，秘書的な人物が明確な形として存在しはじめたのは，ある程度文明が栄え，文字が生まれて，指導者の命令や法令を記録に留めるようになってからであったと考えられます。「書く」という技術は古代にまで遡ることができます。エジプトのピラミッドに発見された遺跡によれば，紀元前4000年にはすでにその技術が行われていたようです。古代文字を使って書き，記録を作成していたのは，いずれも専門の「書記」であったとみられます。そのような意味において，秘書の起源は世界最古の文明発祥の地，バビロニア，エジプト，インド，中国などに，その原点を求めることができるでしょう。

　ナイル下流のエジプト文明は紀元前4000年頃から，チグリス・ユーフラテス河下流のバビロニア文明は紀元前3000年頃から繁栄したとされていますが，ほぼ同時期にこの２つの土地でそれぞれに違った表記法が生まれています。バビロニアの記録法は粘土板などに葦の茎をとがらせたペンのようなもので文字を刻む方法でしたが，その字画が一方が広く，他方が次第に狭くなったくさびに似ていることから，楔形文字とよばれています。この湿った粘土に刻まれた文字を乾燥させたり焼いたりして保存しました。

　一方，エジプトでは，絵文字や象形文字を用いていましたが，彼らはナイル河畔に生えるパピルスという水草の茎を薄くそぎ，縦横に張り合わせた一種の巻紙にペンとインクのようなもので書き付ける記録法を用いていました。ペンは，やはり葦の茎を用いています。パピルスというと，エジプトだけで使用されていたわけではなく，中国から紙が伝わる以前は，アラビアやヨーロッパでも使われていました。古代エジプトの彫像などによってもうかがい知ることが可能ですが，書くときにはあぐらをかいて座った膝の上に巻紙状になったパピルスをひろげ，すりおろしたインクを筆につけて書き綴る方法です。このようなエジプトの書記の彫像*82がいくつも残されており，ルー

*82　古代エジプトの「座せる書記像」（エジプト博物館，ルーブル美術館所蔵）は有名である。王の言葉を書き留めようとして身構える，眼光鋭い姿は印象的である。

ブル美術館，カイロ美術館，大英博物館，メトロポリタン美術館など世界各地の有名な博物館，美術館に所蔵されています。当時，エジプトなどの古代王国では，王が神格化され，絶対的な権力をもち，その王の言葉を神の言葉として書き留めるのが書記の職務でした。宮殿や神殿に直属する書記は高級官吏であり，税の徴収や会計事務などにも携わっています。君主や大臣たちが読み書きできない場合には，能力の高い書記が多大な権力を握ることがありました。このような書記は，国家の中枢の機密情報を掌握する非常に高い地位にあったといわれます[*83]。

　パピルスの生えないパレスチナ周辺では，羊皮紙[*84]に文字を記録しました。近年になって発見された「死海の巻物」とよばれる羊皮紙は，ユダヤ教徒たちが残したもので，旧約聖書の最古の記録が残されています。これらの記録を残したユダヤ教徒は"Scribe（筆記者）"とよばれますが，彼らはユダヤ人の指導的立場を握り，キリストの時代には「律法学者」とよばれていました。

　インダス文明は紀元前2500年頃から栄えましたが，モヘンジョダロの遺跡などによってうかがい知ることができるように，極めて高度な水準をもっていたといわれますが，同1700年には消滅しています。その時代に用いられたアルファベットのような文字も未だに解明されておらず，謎に包まれたままです。その後，サンスクリット（Sanskrit）[*85]が発達したのは紀元前1500年頃とされています。

　中国においては紀元前3000年頃の文字が，動物の絵とともに石に刻まれて残っていますが，こちらも未だに解読されていません。その後は竹や動物の骨や亀の甲などに文字を刻んだり，絵の具を塗りつけて書いたり，また絹に筆で書いたりなどしていました。火薬，羅針盤，紙，印刷術が中国の四大発明といわれていますが，歴史上特筆すべきことは，特に中国における105年の紙の発明です。後漢の蔡倫が皇帝に紙を献上したのがその始まりです。この紙づくりの技術がヨーロッパに普及したのは1100年になってからのことです。紙はまず中国からアラビアに伝わり，次いでエジプト，11世紀の中頃にヨーロッパに伝わったといわれます。この当時の紙というものは，麻や古布のなどの繊維を用いたものでした。また，古代の中国王国において，王は占いを政治に利用し，貞人と呼ばれる占卜官とその記録を行う書記が存在しました。中国では殷の時代（？～紀元前1100年）に書記術がうまれ，専門の書記が現れました。書記も貞人と同様に，王の言葉を取り次ぐ者として高い地位にあったようです。周の時代（紀元前1100～紀元前256年）には，宮廷書記のほかに王の身辺に仕える官吏も存在しました。

　ギリシャ文明は紀元前3000年頃にクレタ島で発祥し，最初は象形文字を粘

[*83] 古代エジプトには，宮廷や神殿のほか，軍隊，学校などにも書記がいた。書記を養成する学校もあり，厳しく階級化されていたという。教育内容は，「書く」ということのほかに，地理，歴史，算術，外国語，神殿および政府の手続きについての心得などであった。当時の書記は，若者の憧れであり，昇任の登竜門であった。事実，身分制度の厳しいなかで出世していたのは，このような書記学校の卒業生が多かった。

[*84] 羊，山羊などの動物の皮をなめして作った書写材料。

[*85] インド・ヨーロッパ語族のインド語派に属する言語で死語。サンスクリットは「完成された言語」という意味である。

土板に書いていましたが，紀元前800年にギリシャ式アルファベットが生まれています。今日，多くの言語に使われているアルファベットという言葉は，ギリシャ語のアルファ・ベーターから発展したものであり，ギリシャ語は現代の言語の中にもその命脈を保っています。ギリシャ文明は，やがて紀元前146年からローマの統治下におかれました。ローマのアルファベットは，今日の英語のそれとほとんど同形です。アルファベットによる表記法になってからは，ギリシャ・ローマの文書は羊皮紙に書かれました。羊皮紙は貴重なものであったことから，重要文書を作成する人物は，やはり学問のある専門の書記であったことが理解できます。

　以上，古代の文明国における文字と記録法の発達状況や古代秘書の源流と考えられる書記について，検討してきました。秘書という仕事には，常に「書く」という作業が欠かせないため，文字や記録法の歴史を概観することによって秘書の原点・ルーツをうかがい知ることができます。当時は秘書という名称は使われておらず，英語での"Scribe"という言葉で呼ばれていました。"Scribe"とは，次のような意味をもっています（『ランダムハウス英和辞典』による）。

　(ア)　筆記者，写字者（Penman, Copyist）；（特に印刷術発明の写本の）筆者（Transcriber）

　(イ)　（特に公的身分をもった）代書人，書記，達筆家

　(ウ)　（ユダヤ教）律法学者，紀元前5世紀から紀元1世紀に活躍したパレスチナの学者や教師。聖書の筆写・編集・解釈に携わった。

　バビロニアやエジプト，ギリシャ，ローマの場合は(ア)と(イ)の意味で，パレスチナでは(ウ)の意味で用いられていたと考えられます。いずれにおいても，当時文字を書くことができた書記は，非常に高度の教養を備えており，古代の秘書の多くはその学問と文章作成能力をもって為政者や教団指導者を補佐する重要な地位を占め，絶大な権力をもっていたと想像されます。ここにおいては秘書制度の本質・原点を垣間見ることができます。すなわち，秘書は補佐対象者が持ち合わせていない高度の専門能力をもって補佐するところに存在価値があったのです。今日においてもこの原点に立ち返り，補佐対象者に欠けている能力などを認識し，それを習得していくことにより，秘書の活躍余地は無限大に拡がるのです。

2　欧米の秘書史とその職務の変遷

2-1. ローマ型秘書

　秘書史の中で，最も著名な古代の秘書はティロ（Marcus Tullius Tiro, 紀元前100～？年）です。ティロは，ローマ時代の政治家であり，哲学者，またあ

る時は文章家[*86]でもあったキケロ（Marcus Cicero, 紀元前106～43年）の秘書
でした。ティロは元々キケロの奴隷でしたが，その後キケロによって自由人
となり，キケロの演説の場に同行して，数千の音標符号によってその演説を
記録したとされています。紀元前60年代のローマの没落貴族カティリナの反
政府陰謀の折には，それをおさえたキケロが，元老院の議事を速記させ，そ
れをもとに情報分析をしたといわれています。このラテン語によるティロ式
速記法というべきものが，今日残る速記法の中で最古ものであるといわれて
います。古代ギリシャ人が紀元前400年頃から筆記体を簡略化した速記方式
を用いていたことは，アテネのアクロポリス（acropolis）[*87]柱廊の刻銘によっ
ても立証されていますが，生活上実際に用いたのはローマ人であったといわ
れています。キケロからティロに出された手紙の資料において，キケロの
ティロに対する信頼は，よほど大きかったとみえます。時にキケロはティロ
にローマの政治情勢について情報を求めました。その情報の内容によって，
彼は時折ローマに戻らねばならないこともありました。専らティロの助言に
よって，こうしたことが指示されたと手紙には記されています。したがって，
紀元前に情報化時代の秘書の原型が存在したわけです。ティロは単なる雑務
処理型の秘書ではなく，有力な情報を収集し提供する秘書でもありました。

　このティロを原型とするローマ型の秘書は，為政者の下にはその必然性に
おいて必ず存在したものと思われます。シーザー（Gaius Julius Caesar, 紀元
前100～44年）[*88]は常に能率を心掛け，馬車の中や馬上で書記に口述するため，
揺れていても書けるように書記に工夫させ訓練させたといわれます。

　速記の興廃により，中世にはこうしたローマ型の秘書は存在しなかったよ
うです。また近世初期には貴族階級の一部の人々に，現代の秘書に近い秘書
がついていました。一般に彼らは男性で，ラテン語を含めて数か国語を操り
広い教養を身につけていることが必要条件でした。そのような秘書の一人に
ミルトン（John Milton, 1608～1674年）がいます。ミルトンは『失楽園』『闘
士サムソン』で有名なイギリスの詩人ですが，彼が秘書だったことはあまり
知られていません。彼の場合はクロムウェル（Oliver Cromwell, 1599～1658
年）[*89]の外国語秘書官として，外国文書の翻訳や対外プロパガンダの作成を
職務としていましたが，それは彼の数か国語に通じる語学力，多方面にわた
る博学な知識，さらに文筆の力という高度の能力がかわれてのことだったと
推察されます。ミルトンの人柄については次のような記述が残されています。

• オックスフォード大学で古典を学んでいたので，ラテン語，ギリシャ語，
　ヘブライ語，イタリア語，スペイン語，フランス語を自由自在に書き，ま
　た話すことができた。

• 記憶力がよく，また思考や整理の方法に優れているので，それがさらに記

[*86] 著作はラテン散文の模範と
いわれ，『国家論』『義務論』『友
情論』などが有名である。

[*87] 古代ギリシャの都市国家の
中心市街にある丘陵上に築かれた
城砦。

[*88] ローマの武将・政治家で，
名門の出身であるが，平民派を地
盤として急速に政界で地位を築い
た。文筆家としても名高く，『ガ
リア戦記』『内乱記』はラテン文
学の雄編といわれている。

[*89] イギリスの軍人・政治家。
清教徒。1642～48年の内乱の際，
議会軍を率いて王軍を破り，1649
年にチャールズ一世を処刑して共
和制をしいた。その後，アイル
ランドに出征し，スコットランド
軍を破ってイギリス諸島を平定した。
1651年に航海法を発し，1653年に
護国卿に推されて独裁権を揮い，
1652～54年オランダ海軍を破り，
イギリス海上制覇の端緒を開いた。

憶力を助けた。

・快活な気分の持ち主であった。

・調和がとれていて，なおかつ独創力のある頭脳をもっていた。

・節約家であった。

・生活態度が正しく，毎朝4時に起き，30分間黙想し，そして夜9時に就寝していた。

　当時クロムウェルが共和政府を確立した時，「クロムウェルこそ反逆者だ」という批判もかなりあったようですが，それに対してミルトンは『偶像破壊者』という書物をしたため，断罪されたチャールズ王の偽善を暴き，英国教会の聖職者たちの無知と冒瀆を批判しました。ミルトンは上役クロムウェルの有能な広報官であったことがこのことから理解できます。

　ローマ型の秘書，つまり上役の発言を速記を用いて書き取る秘書が復活したのは，タイプライターが発明された19世紀後半になってからです。タイプライターが発明される前の秘書は全ての書類を手書きで作成しなければなりませんでしたが，その出現により秘書の事務能率を飛躍的に増大させました。速記とタイプライターは秘書を定着させ，量的にも質的にも秘書職の地位を高めるために，大きな役割を果たしてきたのです。

2-2. 速記とタイプライターの出現

　次に欧米の秘書に欠かせない速記とタイプライターの歴史を述べます。速記法は初期のキリスト教の世界でも大いに利用されていました。教会の集会は数人の速記者によって記録され，使徒パウロは山上の垂訓（Sermon on the Mount）[*90]を速記でとったのではないかとする説もあります。ところが，ローマ皇帝によるキリスト教の弾圧に伴って速記は衰退し，やがて廃れていきます。1世紀の間は，速記は迫害を受けたキリスト教徒の間における通信手段となっていましたが，次々と弾圧による悲劇が起こり，速記は暗号として魔術のごとくみられるようになったため，やがて廃れてしまいました。中世においては，ほとんど用いられず一時姿を消しましたが，その後宗教改革者ルター（Martin Luther, 1483〜1546年）やカルヴィン（John Calvin, 1509〜1564年）の時代に速記は再び脚光を浴びました。しかし，ラテン語が背後に押しやられるようになると，ティロ式の符号による速記法は葬りさられました。

　姿を消した速記術は17世紀に入ると再び活況を呈しました。1588年に近代的方法の一つを英国人医師ブライト（Timothy Bright, 1551?〜1615年）が発明しています。彼は，記号による『短縮で迅速な書き方の技術』という本を出版し，英国議会からは特許を認められていました。さらに1602年には，牧

[*90] 山上の説教ともいい，イエスが山の上で群衆を前に弟子たちになしたとされる説教のこと。祝福の言葉で始まり，敵を愛すること，報い，裁きについての言葉および黄金律を含む。シナイ山での律法授与に倣う象徴的行為と解されるが，史実がどうかは不明である。

師ウィリス（John Willis）が新しい速記術の小冊子を出版しています。それ
は，従来の単語を符号化するものではなく，発音によって1字ないしそれ以
上の文字や句を書き記す方法でした。これはアルファベットを用いた最初の
速記法でした。"Stenography"という名称を初めて用いたのもウィリスです。
"Steno"とはギリシャ語で「簡単な」という意味であり，"Graphy"とは
「書く，彫刻する」という意味です。本格的に速記術が普及したのは19世紀
末であり，1837年にイギリスでピットマン（Isaac Pitman, 1813〜97年）が，
『速記術の音声書き』を発表しました。これは文字によらず音声を表す記号
を与えることによって，今までの速記法に大変革をもたらしました。次いで
1888年にはアメリカでグレッグ（John Robert Gregg）が『やさしい線による
教育速記法』を書き記し，近代速記の基礎的な速記法を考案しました。これ
らは，欧米のセクレタリーに必要不可欠な技能として定着し，1970年以降に
ワープロがオフィスに浸透して文書処理の方法が大変革を遂げるまで盛んに
用いられていたのです。

　欧米の秘書にかかせない技術として速記術のほかに，タイプライター
（typewriter）が挙げられます。このタイプライターの発明は，欧米の秘書史
上，画期的な出来事として注目すべきです。なぜならば，欧米での速記とタ
イプライターの技術をもつセクレタリーが，産業革命後から徐々に社会に定
着し，1970年代頃まで主流でしたが，このような欧米の女性秘書の型が出来
上がるには，タイプライターの出現が大きく寄与したからです。タイプライ
ターは，1714年にミル（Henry Mill）が「writing machine」という印字機を
発明したことに始まり，イギリスのアン女王から特許を得ています。タイプ
ライターの実用的な機種は，1876年にアメリカのレミントン父子商会（現
Remington Rand Office Machines）から発売され，急速に実業界に普及しまし
た。

　このタイプライターによって，目ざましい事務能率化が進みました。会社
では女性でタイプが打てるとセクレタリーとして非常に便利だということに
着目し，タイプが打てる人を求め，職を求める人々も就職の条件を有利にす
るために，競ってタイプライティングの技術を覚える，というように社会風
潮としてタイプライターが定着していったことが想像されます。さらに，速
記でとった手紙をタイプすることによって，ますます能率化がはかられるこ
とになり，この速記術とタイプの両技能が女性秘書の必須条件として定着し
ていきました。このことは，欧米と日本の秘書職を比較する場合のキーポイ
ントです。すなわち，何千もの漢字を用いる日本語を和文タイプライター[*91]
で印字するには手間がかかり，これを秘書の技術として取り入れることは難
しかったと考えられます。これが，日本ではタイプ・速記両技能をもった専

*91　1915年，杉本京太により発
明され，その後改良が重ねられた。
約3,000字の活字を備え，これを
一つずつ拾って印字しなければな
らなかった。

79

門職型の秘書が育たなかった一つの要因であることが，歴史的事実から理解できます。

2-3. 欧米におけるセクレタリーの出現と変遷

(1) 近代のセクレタリーとオフィス・クラーク

今日，欧米で秘書といえば，そのほとんどが女性ですが，元々秘書は男性がそのほとんどを占めていました。1766〜1775年頃にプライベート・セクレタリー（private secretary）が登場したといわれていますが，19世紀後半のオフィスの技術革新が起こるまで，そのほとんどが男性でした。彼らは，会社幹部や役人の個人的ないしは機密の文書や資料を取り扱うことを仕事としていました。

今日のセクレタリーに至る経緯としては，このようなセクレタリーのほかに，クラーク（clerk）の存在にも触れておかなければなりません。今日，クラークといえば，事務員（office clerk）や店員（customer service clerk）の意味で使われていますが，19世紀半ば頃のオフィスにおいては，男性のオフィス・クラークが経営幹部を補佐していたのです。

19世紀後半の欧米では，鉄道による輸送網の拡大によって企業が近代化し，鉄道会社，銀行，保険会社などでクラークが活躍していました。この時代のクラークの主な仕事は，文書作成，ファイリング，基本的な簿記など日常的な事務を請け負うものでした。このように，仕事の中で上役とクラークの関係が密なものとなり，クラークの仕事は高く評価されるようになっていきます。

(2) 20世紀前半のセクレタリー

19世紀末には，事業規模の拡大によって，クラークの需要が高まり，さらに第一次世界大戦の勃発によって男子の労働力が不足し，女子のクラークの需要が高まるという事態に発展しました。イギリスの鉄道会社においては，第一次世界大戦の勃発した1914年から終戦の翌年1919年の間に，女性クラークの数が，10倍以上に増加しています。また，アメリカでは，南北戦争（1861〜1865年）の頃から女子が法律事務所に雇用されるようになり，その後女子の職場進出が盛んになって，1920年にはクラークの半数が女子になっていきました（表7-1参照）。クラークの女子の割合が増加した背景には，このような男子の労働力不足とオフィスの技術革新があります。オフィスの技術革新とは，前述のタイプライターの出現とさらには電話の導入のことです。元々，これらの機械の操作管理は，性別に関係なく若年労働者の仕事でしたが，急速に女子の仕事となっていきました*92。

*92 女子の仕事になっていった要因としては，次のようなことが考えられる。女子が従来の男子の仕事を奪わないように，女子を新しい職種につけたこと。女子の方が男子より器用で話し好きなためタイプライターや電話の仕事に対する適性が高いと考えられたこと。女子の高学歴化（女子の高卒者数が男子を上回った）で，新しい機械を扱うに足る能力のある女子が増えたことなどである。（西澤眞紀子『セクレタリアル・スタディーズ』白桃書房，1997年，p.29）

表7-1　クラークの雇用状況（イギリス　1851～1951年）

	全労働者に占めるクラークの割合（％）	クラークの総数に占める女性クラークの割合（％）
1851年	0.8	0.1
1901年	4.0	13.4
1951年	10.5	59.6

出所：西澤眞紀子（1997）『セクレタリアル・スタディーズ』p.28より抜粋

　一方，学歴のある男子は，意思決定を要する幹部として精鋭化し，女子は機械を操作する非頭脳労働者として部下集団となっていきました。このような状況の中で，19世紀後半の男性クラークと同じように，日常的な事務を含む文書事務全般を担当する女性クラークが登場してきました。最初，女性クラークの仕事はタイピングと電話応対が主でしたが，男子の仕事であった速記やファイリングの技術を覚える者が徐々に現れて，速記のできるタイピストが，口述筆記という直接的な上役との接触を通して信頼を得，男性クラークに取って代わるようになりました。事業規模が拡大し，しかもオフィスの機械化による職能の二極分化によって威信を増した男性の管理者が，経営管理活動の機会を増やすために，そのような女性の速記タイピストを重用し，自分でしなくてもすむ仕事，すなわち容易な管理業務を垂直的に分業するようになりました。そのような仕事を引き受けるクラークを「セクレタリー（secretary）」と呼ぶようになったのです。このような経緯から，現在でも最も狭い意味でのセクレタリーは，速記秘書（secretarial stenographer）を指します。特定の上司に付いて，文書事務と容易な管理的職務を代行する女性セクレタリーは，一般の女性クラークより高い評価を受けるようになりました。このようにして，セクレタリーは女子の職業として定着していきました。

⑶　20世紀後半から現代まで

　アメリカにおいて，セクレタリーは雇用者総数の約4％を占める最大の職業で，しかもその99％が女子で占められており[93]，他の欧米諸国でもほぼ同様の状況を示しています。職業分類上は，事務的職業の速記・タイピング・ファイリング関係の職業として位置づけられ，それらの文書事務に加えて容易な管理業務を遂行することを職能としています。しかし，1945年の第二次世界大戦終結後，OA機器の導入によってオフィスが工場化してくると，セクレタリーの職能にも変化が現れてきました。特に，ディクタフォン（Dictaphone）[94]の出現によって組織が再編・合理化され，従来，下級管理者にまで付いていたセクレタリーが，セクレタリアル・プール（secretarial pool）やステノグラフィック・プール（stenographic pool）にまとめられるようになりました。

[93] アメリカのPSI（Professional Secretaries International 全米秘書協会1998年以降はIAAPと改名）調べ。

[94] 口述筆記に代わる録音機。送信に電話回線を利用できる。

1960年代頃からは，大規模なオフィスでは，口述筆記やタイピングをしない「アドミニストラティブ・セクレタリー（administrative secretary）」と，専ら文書作成を職務とする「コレスポンデンス・セクレタリー（correspondence secretary）」のグループに，秘書が二極分化します。しかも，コレスポンデンス機能がステノグラフィック・プールが発展したワードプロセッシング・センター（word-processing center）に移管されることによって，コレスポンデンス・セクレタリーの名称が，「コレスポンデンス・スペシャリスト（correspondence specialist）」「ワードプロセッシング・スペシャリスト（word-processing specialist）」などに変わって，セクレタリーの名称を失いつつあるといえます。

　一方で，セクレタリーは，従来下級事務職に留まるのが普通でしたが，1970年代からはキャリア・アップする者も現れてきました。キャリア・アップの仕方も様々の形がありますが，セクレタリーの上級職として，「エグゼクティブ・セクレタリー（executive secretary）」や「アドミニストラティブ・アシスタント（administrative assistant）」などの名称の下，重要な管理業務を任される女性セクレタリーが登場してきました。エグゼクティブ・セクレタリーは口述筆記やタイピングを全く担当しないわけではありませんが，管理業務を中心に職務を行います。一方，アドミニストラティブ・アシスタントはオフィス全般をコーディネイトし，経営の執行部を補佐するのが職務であるため，口述筆記やタイピングなどは本来の仕事ではありません。これらは，いわゆる管理職です。このように，OA化による水平面と女子の雇用待遇改善による垂直面との両面における二極分化に加え，職能が法律・医療・工学などの分野に分かれて専門分化し，秘書が非常に多様化している現状があります。

3　秘書業務の欧米と日本の比較研究

　以上，古代の秘書を文明発祥の地に見いだし，欧米の秘書を歴史的視座で検討してきました。その中で判明した共通項は，「秘書は上役のために働いた」「職務内容は上役の庶務と文書事務であった」「秘書は高度の教養をもち，ブレーン秘書であった」「元来秘書は男性の職務であり，それが女性の職務へと移行した」の4点でした。一方，相違点は「欧米の秘書は専門職となり得たが，日本ではなり得なかった」「日本は要職者の管理代行に職能上の重点があったが，欧米では付随的であった」「欧米では秘書職の女性化が著しいが，日本においては欧米ほどではなかった」「欧米では秘書の多様化現象がみられたが，日本ではみられなかった」の4点でした。以下，これらの点について整理し，秘書職能との関わりについても触れておきます。

　第1に，秘書は組織体のためや不特定多数のためというより，補佐をする特定の人，つまり上役のために働きました。この点は，他の職業や職務と違う秘書の固有な部分です。したがって，秘書は組織上，上役直属の個人スタッフとしてまたは上役直属のスタッフ機関の一員として置かれていましたが，いずれの場合も上役の仕事の効率を上げるため，常に上役の側近くで勤務するという執務体制を執りました。また，秘書は上役の仕事の一部を任せられ，または上役に代わって仕事をしたため，秘書の仕事は上役の仕事の範囲を超えるものではありませんでした。

　第2に，秘書職務の主な内容は，上役の庶務と文書事務でした。秘書職務は実に多岐に渡っていますが，歴史上比較的早く現れ，現代にまで共通的に続いているのが，上役の庶務と上役の文書事務です。庶務や文書事務は秘書以外の職業や職務にもみられるものですが，秘書の職務としての庶務や文書事務は，決して不特定多数の人のためではなく，上役のためであるという点で他の職業や職務と違って固有であったといえます。こうした職務を核にし，上役の本務の付随的・周辺的な職務を徐々に取り込みながら現代の秘書が構成されてきたようです。以下，上役の庶務業務および上役の文書事務について，歴史的な流れを整理しておきます。

上役の庶務　統治組織の支配者や企業の経営者・管理者には，それぞれの本務のほかに庶務という職務が付随的に派生しました。この上役の庶務をより効率的に行うためには，上役の側近くで職務にあたるという執務態勢が秘書に求められました。秘書のこうした執務態勢もあって上役の庶務は，当初，私的雑務の処理・身の回りの世話などが主なものでしたが，やがてスケジュール管理・出張業務・来客応対・取次ぎ・環境整備・会計業務・慶弔業務・会議・会合の運営など次第に拡大していきました。当然，上役の庶務を行う過程で機密事項にも触れていきました。秘書は，上役の庶務を担当することにより，上役の時間の進行管理をすることや，上役の人間関係を円滑化するとともに相関連し，上役の本務を主にその効率化を図るために補佐したのです。

上司の文書事務　古来，統治組織や宗教機関，企業などでは文書事務は，欠くことのできない職務でした。また，その文書事務を介して特定の人を補佐するという職務も古くから存在し，重要視されてきました。企業の秘書が扱う文書事務は，機密文書など上役に関わる文書に特定化され，それは作成，取り扱い，整理保管の3つの領域を含んでいます。言うまでもありませんが，機密文書を扱う過程で，機密事項にも触れていきました。ただし，外国のセクレタリーの場合は，文書事務に関する事務技術を積極的に取り込みましたが，日本の秘書の場合は，ビジネス習慣や日本語の問題などから，秘書固有

の技術として積極的には取り込まれませんでした。秘書は，文書事務を担当することで上役の情報管理を補佐し，上役の本務である意思決定を最適化するために補佐したのです。

　第3に，歴史的考察より，秘書は高度の教養をもち，ブレーン秘書であったと理解できます。古代から文字を操り，上役の指令などを記録し伝達することができた者たちは，歴史上の人物の秘書を見る限り，よほど学問に長け，教養を身につけていたに違いないと思われます。一例を挙げれば，先述したイギリスの詩人ミルトンは，数か国語に通じる語学力や多方面にわたる博識，抜群の文章力をもち，クロムウェルの外国語秘書官として，外国文書の翻訳や対外プロパガンダの作成を職務としていました。ミルトンの場合自らも『失楽園』『闘士サムソン』などで知られる文豪であるから別格であるとしても，多くの歴史上の人物を補佐していた有能な秘書たちの例は多数存在します。そして，第二次世界大戦以降，欧米において秘書という職業が特に女性の職業として一般化した後も，かなりエリート的な威信をもっていたのは，秘書としての訓練を受け，教養や資質にも恵まれた人が多く存在したからです。

　第4に，元来男性の職務であった秘書が，様々な要因によって，女性の職務へと変化しています。欧米においては，第一次世界大戦による労働力不足，秘書の2大技能の定着が考えられます。日本においては，高度経済成長期における産業界からの労働力の要請，女子の高学歴化，男女雇用機会均等法の施行などが挙げられます。ここで，さらに指摘しておきたいのは，女性は安い給与で補佐的な業務につくことを辞さなかったということが考えられます。従来，欧米や日本でも企業経営は男性社会であり，女性の進出は遅れていました。したがって，経営者は男性よりも女性を低い賃金で雇用し，男性の補助的業務につけるようになったと推察できます。プロフェッション（profession）論の観点からいうと，医師[*95]・弁護士などの専門職には男性が多く，看護婦[*96]・秘書などの準専門職には女性という構図が出来上がる様子が秘書職を通してみてとれるということです。

　次に相違点について，整理しておきます。第1に，欧米の秘書がもっていた速記とタイプライターの2大技能は，専門職としての地位の確立につながりました。しかし，日本では和文タイプライターの非能率という問題により，これらの技能を取り入れることは難しく，専門職とはなり得なかったという史実があります。

　第2に，日本の秘書は上役の管理業務の代行に職能上の重点がありました。一方，欧米の秘書は速記，タイピングという技術を駆使して上役の活動を補佐することが基本職能であり，管理業務は付随的であったといえます。

*95　近年は，医師という職業に女性の進出が多くみられる。
*96　現在は，看護師という名称に変更されており，この職業に男性の進出がみられる。

　第 3 に，欧米では，第一次世界大戦勃発から多くの職場で男性の労働力が
不足し，それを補うため女性が秘書に登用されました。さらに，速記とタイ
ピングという 2 大技能の定着が，秘書職の女性化をますます促進しました。
今や，アメリカの秘書人口中99％が女性です。日本の場合，女性と男性の割
合は 3 ： 1 です[*97]。比較的日本で男性秘書の比率が高いのは，秘書課とい
うグループ組織において，男性と女性の役割分業があったからです。日本的
経営という特殊な体質により，接待や上役の随行など男性でなければ務まら
ないとされていた業務があり，女性は男性の補助的な存在におかれることが
多かったのです。この男女の役割分業は，1986年の男女雇用機会均等法の施
行などにより，女性が管理職に昇進する割合もわずかではあるが高くなり，
キャリア志向の女性が増え，徐々に改善しつつあります。男性と同様に，ブ
レーン秘書とよばれる者がこれから先増えていくでしょう。

　第 4 に，欧米ではアドミニストラティブ・セクレタリーのような少数の有
能な秘書と，コレスポンデンス・セクレタリーのような大多数の一般秘書の
間に二極分化現象がみられた後，セクレタリーの上級職としてエグゼクティ
ブ・セクレタリーやアドミニストラティブ・アシスタントが登場し，非常に
多様化しています。日本において，秘書の多様化現象はみられていませんが，
今後の行方は未だ定まっていないように感じられます。これから先，日本に
おいて秘書の多様化が進むのかどうか定かではありませんが，両者の展開を
今後とも検討していきたいと思います。

*97　全国短期大学秘書教育協会
『女性の秘書的業務についての調
査』1987年による。

第8章 結論

　本書の目的は，秘書職とりわけブレーン秘書に焦点を当て，その業務戦略とキャリア開発戦略の考察を深めることに置きました。通称として存在する呼称「ブレーン秘書」は一見すると多様ですが，その業務特性を歴史的にあるいは機能的に検討すれば，その本質を経営者の「業務サポート」と「経営サポート」とに求めるのが妥当な定義でしょう。前者より後者がより高度な業務であり，より熟練を要求されるセミプロフェッションとしての機能といえるでしょう。1986年の男女雇用機会均等法や1999年の改正男女雇用機会均等法の施行などにより，高学歴女性の社会進出が注目される時代，高学歴女性の職業で憧れの事務職としての秘書職もこの枠組みで，熟練の深化を考察することが可能です。つまり，女性秘書職の業務特性の研究やキャリア開発についての本論の考察は，この時代の要請に応えようとする研究の試みの一つであると言えます。

　本書ではこのセミプロフェッションとしてのブレーン秘書の確立と熟練の深化を視野に収めつつ，現実に存在する秘書職の業務戦略の課題を，先行研究のサーベイにより検討しました。目標としてのブレーン秘書の業務課題としては，経営層をサポートするために必要な経営感覚への意識，国際コミュニケーションをサポートするための語学力，IT機器の知識の3点が特に重要であり，秘書職経験者のキャリアにおいては，個人状況要因，職場状況要因，上役に関わる要因，家族状況要因という4つの要因が相互に関連し合い，特に職場の状況要因や家族状況要因が大きな影響を与えていることがわかりました。さらに，キャリアの節目において夢や目標を修正しながらキャリアを展開し，その中でメンター・サポーターとの出会いが重要であることも確認されました。

　ブレーン秘書の業務特性は，秘書とトップ・マネジメントの関係における機能から考察され，秘書業務は総務業務，情報管理業務，対人処理業務の3つに下位分類されるのが普通です。そして，本書では，この三大業務を構成する12課業について，実務レベルまで細分化して検討し，その検討を通して秘書業務の業務特性として9つの戦略的留意項目があることを指摘しました。また秘書業務では，総務業務における国際化の影響，情報管理業務における情報技術の革新，さらに対人処理業務における国際化や自己実現理論の深化などの変化への応対が重要であることがわかりました。これらの変化に応対

し，秘書業務に求められている職能・業務・課業が変化しつつあります。この環境における秘書業務の戦略的留意項目としては，自らのトップに関する情報の熟知，機密保持の厳守，業務処理における優先順位の判断，業務処理における計画性，業務処理における原価意識，人間関係の重要性，経営感覚への意識，語学力，IT 機器の知識の 9 つが重要であることが明らかになりました。さらに，より重要なものを選択すると，経営感覚への意識，語学力，IT 機器の知識の 3 つであることがわかりました。

　この秘書職が直面する業務変化を，アンケート調査により実証的に検討しました。総務業務，情報管理業務，対人処理業務の三大業務に，どのような変化がみられるのかをデータの分析をとおして考察しました。調査結果として，以下の点が明らかになりました。

　(1)　「来客応対における業務の変化」では、次のことがわかりました。

　言葉遣いや身だしなみにおける意識では，金融やその他の企業では 6 割以上の秘書が，3 種類の敬語を厳密に使い分ける必要がなくなってきたと思うと回答しており，企業における秘書の意識の変化がみてとれる結果となりました。勤務中の服装は，医療では，8 割以上の秘書が制服を着用して勤務しており，その他の企業で私服化が進んでいることがわかりました。

　名刺を交換する際は，どの業種においても同時交換が主流になってきていることがわかりました。また，金融では，お茶を入れる際，8 割以上の秘書が茶葉から入れると回答していました。医療やその他の一般企業では，お茶・コーヒーなどのサーバーを半数の秘書が利用し，応対していることがわかりました。

　(2)　「情報管理における業務の変化」では、次のことがわかりました。

　スケジュールを管理する際は，医療とその他の企業ではパソコン上で管理することが主流になってきており，金融では紙ベースで行う秘書とパソコン上で管理する秘書と半々でした。名刺の管理においては，どの業種においても，名刺整理箱や名刺整理簿を利用していますが，情報を調べる際は，インターネットを利用することが主流になってきています。

　(3)　「国際化や効率化に向けての意識の変化」では，次のことがわかりました。

　国際化における秘書業務やその意識は，医療では 7 割，金融では 9 割弱，その他の企業では 6 割強の秘書が日常的に英語等の語学力は必要ないと回答しています。昨今，楽天やソフトバンクのように，英語を公用語とする企業も出てくるなど，秘書業務においても国際化が進みつつあるのかと考えていましたが，地方都市の医療では 3 割弱，金融では 1 割，その他の企業では 3 割弱の秘書が英語等の語学力が必要になることがあると回答するに留まりま

した。また，医療では6割以上の秘書が国際化していると思わないと回答しています。語学力を生かして業務を行っているその他の企業でも，7割弱の秘書が思わないと回答しています。これに対し金融業では，4割以上の秘書が国際化していると思うと回答しています。

業務効率化に対する秘書の意識は，医療では5割以上，金融では3割以上，その他の企業でも3割以上の秘書が「業務を簡略化したほうがよい」と回答しており，現代の秘書の意識の変化がみてとれる結果となりました。さらに，医療では5割，金融では7割，その他の企業では5割以上の秘書が，「丁寧な応対」よりも「スピード」が求められると思うと回答しています。

全体的にみてみると，医療やその他の企業では，業務において概ねIT化が進んでいることがわかりました。金融では，お茶を入れる際は茶葉から入れることが多く，スケジュール管理は紙ベースで行う秘書とパソコン上で管理する秘書と半々であるなど，比較的従来の秘書学のテキストに近い業務の仕方がみられる結果となりました。どの業種においても，業務上，英語等の語学力を生かす場面が日常的には少ないこともわかりました。意識のうえでも業務の国際化が進行しているとはいえず，「丁寧な応対」よりも「スピード」が求められる時代になっていることがわかりました。また，医療では5割以上，金融では4割以上，その他の企業では6割以上の秘書が時には専門知識を発揮してサポートするなど，前に出て業務を行うことも必要であると回答していることがわかりました。秘書学のテキストにおいては，秘書は黒子にも例えられ，縁の下の力持ちに徹するのが一般的でしたが，現代の秘書の意識は変化してきており，秘書教育を行う際は，テキストにとらわれず，時代や現場に即した教育が求められるであろうし，秘書業務の進め方も現代と合ったものにする必要があるのではないかというのが本書の論点です。

次いで，本書では，秘書のキャリアを「業務の深化度」に関連する軸（判断性－受動性）と，「経営サポートの進展度」に関連する軸（補佐の直接性－補佐の間接性）との2つの軸で類型化すると，ブレーン秘書には3類型が存在するのではないか，というのが本書の結論です。この3類型を，第5章での分析を受けつつ，その特徴を要約します。図8-1にあるように，判断業務の深化と経営サポートへの進展の要件を持つブレーン秘書は〈参謀型ブレーン秘書〉（戦略論用語でもあるStaff Typeの用語を当てた。例Staff Office＝参謀将校）であると考えられます。ついで，判断性は大であるが経営サポートは間接的であるブレーン秘書は、役職者の〈補佐型（Secretary Type）ブレーン秘書〉といえるでしょう。

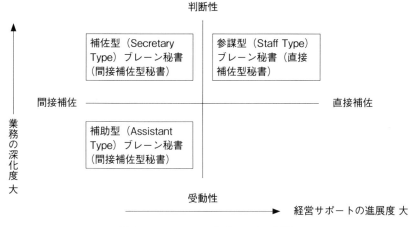

図 8 – 1　ブレーン秘書の 3 類型[98]

＊98　「参謀型ブレーン秘書」には起業によるキャリア展開がみられた。また，「補佐型ブレーン秘書」には兼務型，転職型，配置転換型のキャリア形成がみられた。「補助型ブレーン秘書」には配置転換型が多いのではないかと思われる。

　また，判断性は小で経営サポートの進展度も小のブレーン秘書は，役職者の〈補助型（Assistant Type）ブレーン秘書〉と呼べるでしょう。セミプロフェッションとしての業務の高度化と，間接補佐から直接補佐へと業務範囲をさらに拡大させたタイプが，参謀型ブレーン秘書といえます。経営サポートには踏み込まないが判断性の高度化を目指すブレーン秘書タイプは，補佐型ブレーン秘書です。業務の深化度も経営サポートへの展開がみられないブレーン秘書のタイプは，補助型ブレーン秘書です。この 3 類型は，本書の第 5 章ブレーン秘書の事例研究で検討した 8 ケースの役職付き秘書の職務・業務分析および，そのブレーン秘書のキャリアパターンの分析により類型化されました。キャリアパターンについては，Shine の理論研究（例：「一皮むけた経験」や「危機との遭遇」「メンターとの出会い」などの概念）および職場学習論を参考にしました。

　まとめとして，今後の秘書のあり方を，秘書の四層理論から考察しておきます。今後の秘書のあり方は，第 5 章図 5–3 の a 部分の経営面が拡大する逆三角形の形をとっていくのではないでしょうか。現に，リーガル秘書やメディカル秘書などの専門秘書の場合，図 5–3 のような業務内容となるでしょう。今後，企業における秘書もますます a 部分の「経営サポート」に携わることを求められるのではないでしょうか。つまり，秘書職の本質は「経営サポート」と「業務サポート」にあり，秘書自身が「判断性」を求められる業務や「経営サポート」にも参画し，IT や他人では代理がきかない仕事を目指すことで，秘書の存在意義が再認識され，今後もセミプロフェッションとしての道が開けていくのではないかと思われます。

　以上の論点を，歴史的な背景から検討し，その論点を補強しておきます。まず，秘書業務のうち「書く（記録を残す）」という秘書に欠かせない作業に

着目することにより，文字と記録法の発達を詳述し，古代の秘書職務を主な文明発祥の地に求めました。次に欧米と日本の秘書史の流れを概観することによって，欧米と日本の秘書の歴史的共通点と相違点について検討すると，両者の共通点は，「秘書は上役のために働いた」「職務内容は上役の庶務と文書事務であった」「秘書は高度の教養をもっていた」「元来秘書は男性の職務であり，それが女性の職務へと移行した」の４点でした。一方，相違点は「欧米の秘書は専門職となり得たが，日本ではまだ十分に完成しなかった」「日本は要職者の管理代行に職能上の重点があったが，欧米では付随的であった」「欧米では秘書職の女性化が著しいが，日本では欧米ほど女性化しなかった」「欧米では秘書の多様化現象（ブレーン秘書と一般秘書の分化など）がみられたが，日本ではみられなかった」の４点でした。以上の歴史的考察からも，現代の秘書職の定義として「業務サポート」と「経営サポート」に注目することは妥当な視点であることが確認されました。

　以上の論点に対する解明が本書の独自な成果であるといえるでしょう。ここで検討してきた，ブレーン秘書は，働く女性にとって，依然として魅力ある職業であると考えられ，そのキャリア開発の研究は，今後とも興味ある研究テーマであると思われます。

第2部　実　務　編

第9章 マナーの基本

　本章では，身だしなみや表情，挨拶の仕方や敬語などビジネスにおけるマナーの基本を学びます。また，組織の一員としてどのように仕事を進めたらよいのかについても学び，会社や医療機関で行動・活躍できるビジネスパーソンを目指しましょう。

1　第一印象について

　人と接する場合に，**第一印象**が大事であるという話を耳にすることがあると思います。企業や医療機関でお客さまや患者さんを迎えるときもそれは同じです。音声言語によるコミュニケーションについて研究しているアメリカの心理学者アルバート・メラビアン（Mehrabian, A.）は，「話す・聞く」という場合において，人が他人から受け取る情報の割合について，注目すべき研究結果を発表しています。

　人はまず他人の外見を重要視します。外見というのは，顔の表情のことです。次に，音声によって他人から影響を受けます。音声というのは，声の質，話すテンポ，声の大きさ，トーンです。最後は言葉であり，正しい敬語で話をしているか，話す言葉の内容などで判断していますが，それは僅かでしかありません。以下にそれぞれの割合を示します。

［メラビアンの法則］
- 外見（表情）　　　　　　　　　　　　　　　55%
- 音声（声の質，テンポ，大きさ，トーンなど）　38%
- 言葉（話す言葉の内容，敬語）　　　　　　　 7%

　応対する人の顔の表情や音声，言葉という要素が相手の受け止め方を左右する影響を持ちます。私たちが企業や医療機関において，お客さまや患者さんと接するときには，笑顔で，明るくはっきりした発音で，正しい敬語を用いて応対する必要があります。

2　身だしなみ

　身だしなみは，その人の印象を左右する重要な要素です。仕事に対する姿勢や考え方なども，身だしなみに表れるといわれます。さらに，スタッフの印象や応対が会社や病院のイメージを作り上げます。スタッフの印象が良ければ，会社や病院のイメージも上がり，反面，応対したスタッフの印象が良くないと，会社や病院のイメージも下がってしまいます。身だしなみのポイントを理解し，お客さまや患者さんから感じが良いと思ってもらえるよう注意したいものです。

2-1.「身だしなみ」と「おしゃれ」

　「身だしなみ」とは，周りの人，つまり会社では上司や同僚，取引先やお客さまであり，病院においては院長や医師，看護師，職場の同僚や患者さんのことですが，その人たちのことを考えながら整えるものです。周りの人に不快感を与えることなく，お互いに気持ちよく過ごすための配慮であり，TPO に合わせて身なりを整えることです。特に，医療機関では，年齢や性別に関係なく，誰に対しても好感をもってもらえる服装や髪型などを選ぶ必要があります。つまり，客観的に判断して整えていかなければなりません。

- おしゃれ…自分自身が評価する主観的なもの
  （自分の趣味や好みに合わせて，自分のために楽しむもの）
- 身だしなみ…周りの人から評価される客観的なもの
  （身だしなみを整える際は，自分の服装や髪型などを見て，相手がどのように感じるかを考えなければならない）

2-2. 身だしなみのポイント

　身だしなみのポイントは，清潔感，機能性，控えめという3点です。

⑴　清潔感

　服装，手足などの身体，髪などの全身において，清潔であるということは周りの人と接する際には，大変重要な要素です。襟や袖口，靴の汚れや磨り減りなどは自分が思う以上に目立ちますし，相手に不快感を与えてしまいます。寝癖でボサボサのままの髪や肩のフケ，爪の長さや汚れにも充分気を配る必要があります。また，濃い化粧や派手なマニキュアの色，きつすぎる香水や髭のそり残しなどにも注意します。自分で清潔にしているつもりでも，相手から見て清潔に見えるかが重要なのです。

⑵ 機能的

多くの会社や医療機関では，制服を着用しています。制服は，仕事をする上において動きやすく，丈夫であるなど機能性を重視して作られています。動きやすく働きやすい制服で，テキパキと仕事をしているのを見ると好感をもちます。

最近では，制服着用をやめ，私服で仕事をしている職場もあります。スーツなどを自分で用意する場合も，適度に余裕があり動きやすいものを選びます。

服装以外でも，髪はお辞儀などの際に顔にかからないように髪留めやピンで留める，肩より長い髪の場合は束ねる，華美で大ぶりなアクセサリーはしないことなども機能性を高めることにつながります。名札，社員証や職員証を所定の位置につけることは，責任をもって行動することをお客さまや患者さんに伝え，安心感を与えることになります。

⑶ 控えめ

ここで述べる「控えめ」とは，自己表現の強弱についてのことです。会社や医療機関には様々な方がいらっしゃいます。特に，医療機関には痛みや不安を抱えた患者さんもいらっしゃいます。会社内や病院内では心穏やかに過ごしていただけるように，装いは控えめにします。派手な服装や濃い化粧，華美で過剰な装飾品は，会社や医療機関には合いません。髪型や髪の色，化粧やピアスなどのアクセサリー類は控えめにし，髪留めは黒，茶，紺色のシンプルなもの，強い香りが残る衛生用品や香水類は避けましょう。

注意すべき点は，「控えめ」と「手を掛けない」こととは異なるということです。何もしないから控えめなのではなく，身なりを控えめに整えるということです。つまり，ノーメークは不健康に見えたり，やつれて見え，ビジネスパーソンとしても相応しくないということです。

2-3. 身だしなみチェックシート

⑴ 男性の場合

• 髪

　□　寝癖などでボサボサではないか

　□　櫛が通っており，フケや汚れがないか

　□　耳やワイシャツの襟にかかっていないか

　□　整髪料は香料の強いものではないか，つけすぎていないか

• 髭

　□　毎日剃っているか

• 歯

□ 食事の後には必ず磨いているか

• ワイシャツ

□ 襟や袖口が汚れていないか

□ ボタンが取れていたり，シワになっていないか

□ ポケットが余計なものでふくらんでいないか

• ネクタイ

□ シミなどで汚れていたり，古くなっていないか

□ スーツと合っているか

□ 素材などが季節や職場に合っているか

• ベルト

□ ベルトの色は靴と合わせる

• ズボン

□ 折り目がきれいに出ているか

• 靴下

□ 毎日履き替えているか

□ スーツの色と同系色か*1

□ 黒，茶，紺色などのシンプルなものか

□ 長さは充分にあるか*2

• 靴

□ きれいに磨いているか

□ 汚れや磨り減りがないか

• 爪

□ 短く切ってあるか*3

□ 汚れなどで黒くなっていないか

• 香水

□ つけすぎていないか*4

*1 白，スポーツ用はNGです！

*2 くるぶしが見えるような短いものはNGとなります。

*3 手の平から見えない程度に切りそろえます。

*4 強い香りが残るものはNGです。

(2) **女性の場合**

• 髪

□ 清潔にまとめているか*5

□ フロントやサイドの髪は，目を被っていないか*6

□ 不自然な髪の色，メッシュ等はしていないか

• 髪留め

□ 黒，茶，紺色のシンプルなものか

• 化粧

□ アイシャドウ，口紅などが濃すぎないか*7

*5 肩より長い髪はまとめましょう。

*6 髪の毛で目を被ってしまうと印象が暗くなってしまいます。

*7 強い香りが残るものはNGです。

95

＊化粧は自然で健康的にしましょう。

＊口紅はピンク，ベージュ，オレンジ系を使用すると明るい印象になります。

- 歯
  - □　食事の後には必ず磨いているか

- 服装
  - □　ボタンが取れていないか
  - □　シワになっていたり，汚れていないか

- ストッキング
  - □　伝線していないか
  - □　たるんでいないか，サイズは合っているか
  - □　予備はバッグに入れているか
  - ＊素足やタイツは職場に相応しくありません。

- 靴
  - □　パンプスのヒールは高すぎたり，低すぎたりしないか
  - ＊中ヒール（3 cmから6 cm程度）が良いでしょう。
  - ＊スニーカー，サンダル，ミュールは職場には相応しくありません。
  - □　きれいに磨いているか
  - □　爪先やかかとが磨り減っていないか

- 爪
  - □　短く切ってあるか*8
  - □　マニキュアは派手ではないか*9
  - ＊はげかかったマニキュア，ネイルアートはやめましょう。

- アクセサリー
  - □　大ぶりなもの，華美なものではないか*10
  - □　仕事をする上で邪魔にならないか

- 香水
  - □　つけすぎていないか*11

＊8　手の平から見えない程度に切りそろえます。
＊9　透明，薄いピンク色であればOKです。

＊10　小さめでシンプルなものはOKです。

＊11　強い香りが残るものはNGです。

3　表　情

　お客さまや患者さんは，まず応対する人の表情を見ます。特に，初めてであれば，どのような人なのだろうかと警戒します。このときに笑顔で応対することができれば，お客さまや患者さんは安心し，私たちだけではなく会社や病院全体に対しても好意をもってくれます。この笑顔は，日ごろから訓練することで身につけることができるのです。

3-1. 笑顔のポイントは "口角" と "目"

　笑顔は，健やかな心を写す鏡ともいえます。お客さまや患者さんの応対はもちろんのこと，就職活動における面接試験などで，面接室に入室する際，「失礼いたします」と笑顔で挨拶できる人と笑顔がない硬い表情の人だと，その第一印象にかなり違いがあることは容易に想像できると思います。

　ポイントは**口角**が上がっている口元と優しい目です。人間の身体には600を超える筋肉があり，なんとそのうちの約60の筋肉が顔に集中しています。つまり，顔はどの部分よりも豊かに自在に動くように作られているのです。特に，笑顔作りに重要な筋肉は，口角挙筋と呼ばれる筋肉です。どうすれば，口角を上げて素敵な笑顔で応対できるのでしょうか。そのためには，鏡の前で「ウイスキー」と言ってみてください。「ウイスキー」という言葉をいうと，ちょうど素敵な笑顔が鏡の前に現れると思います。

　次は優しい目です。鏡の前で笑ってみて，自分の表情を確認してください。さらに，口の部分を手で覆って隠した状態で鏡を見てください。あなたの目はいかがですか。笑っていますか。もう一度同じことを繰り返してください。ただし，今度は目の前の赤ちゃんや親しい人が自分に笑いかけていると想像して笑い返してください。先ほどと同じ笑顔ですか。

　目は，口で話すのと同じくらい，時にはそれ以上に，相手に気持ちを伝えることができます。優しい目で，心のこもった笑顔は，お客さまや患者さんに安心感や親近感を与え，気持ちのよい印象を与えることができます。

3-2. お客さまや患者さんの表情は，自分の表情

　目の前のお客さまや患者さんの表情が，自分と接しているうちにだんだんとこわばってきたら，それはあなたの表情がこわばっている証拠です。このようなときは，すぐに自分の気持ちに気付き，すぐに切り替えてください。目の前にいるお客さまや患者さん以外のことを考えていたりすると，それが表情にも出てしまいます。自分では気づかなくても，お客さまや患者さんには伝わっているのです。

3-3. 話をするときの目線

　相手の目をきちんと見て会話をすることが大事であることは，皆さんご存知だと思います。これは，「あなたの話を聞いていますよ」ということを相手に伝えることができます。実際，相手の目を見続けるのは，ほんの数秒程度でよいのです。10秒以上も相手の目を見続けたり，相手を見据えたりすると，逆にお客さまや患者さんに威圧感を与えてしまいます。通常は，目線を口から喉の下，男性であればネクタイの上部あたりまでを見ながら，必要に応じ，時折目を合わせ，相手が目線を外したら，自分も外すなどするとよいでしょう。

　さらに，目線の角度においても，相手に与える印象は変わります。目線の上がりすぎ，下がりすぎは見下した印象や疑いの印象を与えてしまいます。目線は，まっすぐに相手を見るように練習しましょう。

3-4. クレーム応対などでの表情

　お客さまや患者さんがクレームを言ってきたときは，どのように応対すればよいのでしょうか。クレームを言われるのは誰でも嫌なものですが，クレームを言っている人は，もっと嫌な気持ちになっていることを理解し，誠実に応対しなければなりません。

　一番こわいのは，クレームを内に秘めたまま，何も言わないお客さまや患者さんです。その方々は，二度と来ることはないでしょう。つまり，クレームを言ってくれるお客さまや患者さんに対して，まずは感謝し，真摯に応対して，改善することによって，それが大きなビジネスチャンスにもつながるのです。クレームを言われて，応対するときには，お客さまや患者さんに対して，誠実な気持ちで向き合っていることを表しましょう。このような場合は笑顔ではなく，真剣な表情で，視線は相手の目を見て応対するように注意します。目線を頻繁に動かしたり，そらしたりしていると，「話を聞いていないのではないか」「真剣に聞いていない」などと思われてしまいます。また，お客さまや患者さんが話している内容を聞き漏らすことのないように，全神経を集中させて聞くことが必要です。

［クレーム応対のステップ］
　① 丁寧に詫びる。
　② お客さまや患者さんの苦情を充分に聞く。
　③ 苦情の原因を分析する。
　④ 解決策を検討し，納得のいくように説明する。
　⑤ 解決は迅速に行う。

⑥　最後に再び詫びて，注意してくれたことに感謝する。

⑦　経過を上司や関係者に報告する。

＊新入社員や決定権のない人が応対する場合は，②までに留めておき，上司や決定権のある人に代わってもらうほうがお客さまや患者さんの納得を得やすいでしょう。

4　挨拶の仕方

4-1. 立ち姿勢

お腹に力を入れ，背筋を伸ばして立ちます。

①　かかとをつけ，つま先は少し空けます[*12]。

②　ひざの後ろを伸ばします。

③　肩の力を抜き，手は自然に横にします。もしくは，ひじが張らないように前で組みます（左右どちらが上でもよい）。

④　目の高さに視線をおきます。

　男性の場合，手は横にして，指先を伸ばします。中指がズボンの縫い目にくるようにしましょう。女性の場合，指を揃えて，手は前で組みますが，へその上あたりで組むと印象が良いでしょう。

> [*12]　握りこぶし一つ分くらいあけると姿勢が安定します。

4-2. お辞儀

　背筋を伸ばしたまま，首を前に倒すなど背中が丸まらないように注意して，おじぎをします。上半身は一度静止させてからゆっくりと起こすと美しいおじぎとなります。おじぎと言葉はどのようなタイミングでもよいですが，言葉の途中，あるいは言葉を言い終わってからおじぎをすることが一般的です[*13]。両手は前できれいにそろえます。

①　視線を相手に合わせます。

②　「よろしくお願いいたします」などの言葉。

③　おじぎ…すっと倒し，一度止めて，ゆっくり起こします。

④　視線を相手に戻します。

> [*13]　語先後礼（先言後礼）…「よろしくお願いいたします」などの言葉を言い終わってからお辞儀をします。
> 同時礼…「ありがとうございました」など，言葉と一緒にお辞儀をします。
> ＊正式なお辞儀は語先後礼（先言後礼）ですが，医療機関の受付など，混み合うような場では同時礼も使われます。状況に応じて使い分けましょう。

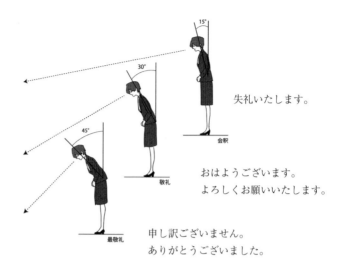

15°

失礼いたします。
会釈

30°

おはようございます。
よろしくお願いいたします。
敬礼

45°

申し訳ございません。
ありがとうございました。
最敬礼

4-3. 座り姿勢

　座り方には，その人の気持ちの姿勢も表れます。男女ともに背もたれから握りこぶし一つ分くらいあけましょう。背筋をまっすぐ伸ばして座ります。女性の場合は，ひざは90度になるようにします。ひざをつけ，つま先，かかとは揃えます。手はひざの上で組みましょう。男性の場合は，握りこぶし2つ分くらいひざをあけ，手は軽く握ってももの上に置きます。

4-4. 歩き方

　歩き方は，とても個性の出てしまう動作です。背筋を伸ばして姿勢を良くし，膝を伸ばします。腰で歩くようなつもりで，ひざの内側が軽く触れるように，一本の真っ直ぐな線の上を歩くように足を前に出しましょう。その際，頭，身体，腰，肩などが大きく揺れないように，背中が曲がらないように気をつけましょう。手はしっかり振りますが，後ろにしっかり振るようにし，前はその反動で振るようにします。会社内や病院内は，颯爽と歩くようにし

ましょう。

4-5. 物の受け渡し方

会社や医療機関の受付や会計では，名刺や診察券，保険証などお客さまや患者さんと物の受け渡しをすることが頻繁にあります。片手で受け取ったり，何もいわずに受け取ることのないようポイントを充分に理解しましょう。

① 両手で受ける。

② 言葉を添える。

　＊「○○をお預かりいたします」「○○でございます」など

③ 相手に向けて渡す。

④ 自分の胸の高さから相手の胸の高さに渡す[14]。

⑤ 弧を描くように渡す。

*14　ビジネスの現場において，大切なものは胸の高さで取り扱います。

4-6. 方向の指し示し方

身体を開いて，指先はそろえ，相手に手のひらを見せて，ものや方向を指し示します。

• 5本の指をそろえる。

• お客さまや患者さんに，必ず手のひらが見えるようにする。

5　敬　　語

会社や病院などで働くビジネスパーソンは上司，目上の人や来客などの利害関係のある人たちと接します。敬語や接遇用語は，相手に対する敬意や思いやり，誠実さを表現するのに必要です。敬語や接遇用語を使うことは，相手に対する親しみや尊敬の気持ちを表し，相手に伝え，相手との間に社会的な地位や年齢，親疎などの差があっても，その差をふまえた自然な会話が交わせます。話し手の品格を保つことも可能です。

［敬語の種類］

敬語には次の3種類があります。

① 丁寧語	聞き手を敬って，話の調子を丁寧にする語
② 尊敬語	相手や話中の人の動作や状態を敬い，相手を高めて表現する語
③ 謙譲語	自分や身内をへりくだり，自分や身内を低めて表現する語

5-1. 丁寧語

「病院はどちらでしょうか」と尋ねられて，答える場合を考えてみましょう。

① 普通の言い方	この道をまっすぐに行ったところにある
② 丁寧な言い方	この道をまっすぐに行きましたところにあります
③ 改まった言い方	この道をまっすぐに参りましたところにございます

　このように，「行く」「ある」という言葉は，「行きます」「あります」，「参ります」「ございます」と変化します。「行きます」「あります」という言い方も丁寧ですが，ビジネスパーソンは，「参ります」「ございます」のような改まった言い方を使います。

普通の言い方	丁寧な言い方	改まった言い方
ある	あります	ございます
いる	います	いらっしゃいます
する	します	いたします
そうだ	そうです	さようでございます
言う	言います	申します
行く	行きます	参ります
見る	見ます	拝見します
思う	思います	存じます

5-2. 尊敬語・謙譲語

　人をさす言葉や人に属する言葉を尊敬語や謙譲語にする場合は，適切な語を添えます。動詞を尊敬語にする場合は「れる，られる」や「お（ご）〜になる」，謙譲語にする場合は「お（ご）〜する（いたす）」という語を添えます。言葉により，別の言葉に置き換えなければならないもの（言い換え型[15]）があります。

*15　表中の太字の表現が言い換え型です。

　＊動詞を尊敬語にする場合，「れる，られる型」よりも「お（ご）〜になる型」のほうが敬意が強まります。

動詞	尊　敬　語		謙　譲　語
	れる・られる型	お（ご）になる型	お（ご）〜する（いたす）型
する	される	なさる	いたす
いる	おられる	いらっしゃる	おる
言う	言われる	おっしゃる	申す・申し上げる
聞く	聞かれる	お聞きになる	伺う・拝聴する
見る	見られる	ご覧になる	拝見する
読む	読まれる	お読みになる	お読みする
書く	書かれる	お書きになる	お書きする
行く	行かれる	いらっしゃる	参る・伺う
来る	来られる	いらっしゃる	参る・伺う
出席する	出席される	ご出席になる	出席する
食べる	食べられる	召し上がる	頂く
与える	与えられる	下さる	差し上げる

5-3. お・この使い方

名詞，形容詞，形容動詞に「お」「ご」「御」「様」などを添えることにより，その言葉が敬語になります。

(1) お・ごを添える場合

丁寧語	話し手の品位を表現	お茶　ご飯　お客様 お寒くなりましたね このあたりはお静かですね 診察室はまっすぐに参りましたところにございます
尊敬語	尊敬の気持ちを表現	社長のお話に感激いたしました 先生のご出席をお待ちいたしております 御礼申し上げます お忙しいことと存じます
	相手の物や相手に属することを表現	お考えはごもっともです お荷物をお預かりいたします
謙譲語	自分の物事ではあるが，相手に関係するために添える	お手紙を差し上げます お電話いたします お願い申し上げます

	尊　敬　語	謙　譲　語
人をさす言葉	名前＋さん・様　　井原様 名前＋役職名　　　井原部長	名前　山田　部長の山田
人に属する物事	お（ご）お考え　お荷物　ご返事 御 貴 高 尊 令 芳 御礼 貴社 ご高見 ご尊名 ご令息 ご芳名	お（ご）お電話 お手紙 小 弊 拙 愚 粗 小社 弊社 拙宅 愚息 粗茶

(2) お・ごを添えない場合

お・ごをつける習慣のない言葉	お机→机　お時計→時計
外来語	おノート→ノート　おコーヒー→コーヒー
すでに尊敬の意味をもつ言葉	お社長→社長　ご夫人→夫人
公共の建物や場所を示す言葉	お市役所→市役所　お学校→学校
女性はつけても男性はつけない言葉	お魚→魚　お肉→肉　お財布→財布

5-4. 間違いやすい敬語

	間違った表現	正しい表現
① 尊敬語と謙譲語を混同	あちらの受付で伺ってください 　　　　　　　　伺われてください 　　　　　　　　お聞きしてください	あちらの受付で お聞き（になって）ください
② 二重（過剰）敬語	こちらにお書きになられてください こちらをご覧になられてください	こちらにお書き（になって）ください こちらをご覧（になって）ください
③ ウチとソトを混同	部長さんは席を外していらっしゃいます	徳永は席を外しております

④ 上下関係に非対応	社長，部長が会議にご出席になります 部長，社長が会議に出席されます	社長，部長が会議に出席されます 部長，社長が会議にご出席になります

①は，相手の動作であるのに謙譲語を使っている間違いです。相手の動作であれば，尊敬語を使います。また，謙譲語に「れる・られる」を添える表現は間違いです。

②は，「お（ご）～になる」や言い換え型で，すでに尊敬語になっているものに「れる・られる」をつけたために，尊敬語が二重（過剰）になってしまった誤りです。

③は，社内の人のことを社外の人にいう場合に，尊敬語を使った間違いです。自分と上司だけを考えれば，確かに上司に対しては尊敬語を使いますが，社外の人にいう場合は，上司は身内ですから，謙譲語を使います。

④は，「れる・られる」と「お（ご）～になる」の尊敬語の使い分けです。より上位の人のことをいう場合は，敬意が強まる「お（ご）～になる」を使います。

5-5. 接遇用語

ビジネスの場では，敬語のほかに**接遇用語**といわれる言葉を用いて，相手に対する敬意や思いやりの心を表現します。接遇用語の基本には敬語表現がありますが，次の点にも注意が必要です。

(1) クッション言葉を用いる

申し訳ございませんが，失礼でございますが，恐れ入りますが，恐縮でございますが，お手数をおかけいたしますが，お差しえなければ，私でよろしければ

(2) 肯定表現を依頼表現に変える

こちらでは，たばこは吸えません	→	おたばこは，あちらの喫煙所でお願いいたします
		こちらでは，おたばこはご遠慮いただけませんでしょうか
お名前を教えてください	→	お名前をお教えいただけませんでしょうか

(3) 目下が目上には使えない言葉

ご苦労さま	→	お疲れさまでございます
さようなら	→	失礼いたします
お任せします	→	お願いいたします

普通の言い方	接遇用語
私 （わたし）	私 （わたくし）
私たち	私ども
うちの会社　わが社	私ども　当社
あなた	○○様　お客様
あなたの会社	御社　そちら様
だれ	どちら様　どなた様
どういう	どのような
今	只今
後で	後ほど
ちょっと　少し	少々（量・時間）しばらく（時間）
きのう　今日　あした　あさって	昨日（さくじつ）　本日（ほんじつ）　明日（みょうにち）　明後日（みょうごにち）
そうですか	さようでございますか
分かりました	承知いたしました　かしこまりました
ごめんなさい　すみません	（誠に）申し訳ございません
できません	いたしかねます
知りません	存じません
分かりません	分かりかねます
どうでしょうか	いかがでしょうか　いかがでございますか
どうしますか	いかがなさいますか
（来客を迎える時）	いらっしゃいませ
だれですか	どちらさまでいらっしゃいますか
何の用ですか	どのようなご用件でいらっしゃいますか
約束をしていましたか	お約束を承って（頂いて・頂戴して）おりましたでしょうか
待っていました	お待ちいたしておりました
待ってください	お待ちいただけませんでしょうか お待ちくださいませ
ここに座ってください	こちらにお掛けになってください
今，見てきます	只今，見て（確認して）まいります
今すぐ，来ます	只今，参ります
お客様が来ました	お客様がいらっしゃいました お越し（お見え　おいで）になりました
今，席にいません	只今，席を外しております
約束していたのにすみません	お約束をしておきながら，（誠に）申し訳ございません
会議中 / 来客中です	（あいにく）会議中 / 来客中でございます
用件は聞いていますか	ご用件は承っておりますでしょうか
言っておきます　伝えておきます	申し伝えます
もう一度来てください	もう一度お越し（おいで　ご足労　お運び）いただけませんでしょうか
してもらえませんか	～いただけ（願え　ください）ませんでしょうか

5-6.　人の呼び方

　人を呼ぶ場合，誰に対して誰のことを言うのかによって言い方が異なるの

で注意が必要です。

本人を呼ぶ場合	部長，○○部長， 「部長，書類をお持ちいたしましょうか」
下位の人に対して上位の人のことを呼ぶ場合	部長，○○部長， 「課長，○○部長は午後にお戻りになります」
上位の人に対して下位の人のことを呼ぶ場合	部長，○○部長 「社長，部長は午後に戻られます」
外部の人に対して社内の人のことを呼ぶ場合	○○，部長の○○ 「お客様，あいにく○○は只今外出いたしております」

6　話し方・聞き方

　会社や医療機関などの組織は，ある目的のために作られ，組織の中で目的を果たすように円滑に効率よく仕事を進めていくために，様々な人と関わらなければなりません。様々な人とは，上司や上司の上役，上司の部下，先輩や同僚，後輩など社内の人や取引先や業界団体といった社外の人などです。社内外の人と良い関係を築いていく基本となるものが，「言葉」を中心としたコミュニケーションであり，配慮の足りない発言で相手を傷つけ，怒らせたりすると，その人との人間関係ばかりでなく，企業や病院との関係をも壊すことになりかねないことを注意する必要があります。好ましい人間関係を築いていく話し方・聞き方を身につけておかなければなりません。相手を尊重し，相手との人間関係をわきまえ，話の目的を意識して会話を進めていくことが求められます。

6-1. 話し方
　話には次のような目的があります。

① 情緒的な反応を起こさせる	人間関係を築く	挨拶
	印象づける　感じさせる	共感
② 情報を伝えて，知的な反応を起こさせる	知らせる	報告
	わからせる	説明
③ 知的および情緒的な反応を起こさせ，行動をとらせる	意図することをさせる　やめさせる	説得
	改めさせる	忠告

　これら目的が達せられたとき，話の効果があったといえますし，話したかいがあったといえます。
　「話し方」というと，言葉遣いだけを考えがちですが，効果的に話すには，言葉以外の要素，例えば，話し手の人柄，話す時の態度・動作・表情・身だしなみ，話す場所，話の切り出し方などにも注意する必要があります。その

上で，正しく，わかりやすく，感じよく話すことを心がけます。

［話し方］

① 正しく話す	正しい日本語で話す
② 分かりやすく話す	• わかりやすい言葉を使い，具体的に話す • 専門用語や業界用語は，知らない人の前では使わない
③ 感じよく話す	相手に配慮し，適切な敬語・接遇用語を使って話す

6-2. 聞き方

話し手の立場を理解して聞くことが必要です。

① 正しく聞く	• 積極的に聞く→話し手の真意をつかむ • 素直に聞く→感情にとらわれずに冷静に聞く　先入観をもたない • 不足を補う→話し手の言葉の不足を補って聞く　質問する • 要点を押さえながら聞く • メモを取りながら聞く • 話は最後まで聞く • 終わったら復唱して確認する
② 感じよく聞く	• 好意的に聞く→相づちを打つ　よい表情，態度で聞く • 話の腰を折らない

6-3. 説明の仕方

　説明の目的は，相手に「分からせる」ということです。そのためには，まず，説明をする本人が内容を十分に理解しておかなければ，相手に分かってもらうことはできません。説明をするときには，内容を予告し，順序よく，具体的に説明し，要点を繰り返し，質問を受けるという流れで行います。

① 説明する内容を把握する	要点や分かりにくいところなどを押さえておく
② 内容を予告する	はじめに概要（アウトライン）を話す 　　　　　要点（ポイント）を話す 　　　　　件数（ナンバー）を話す
③ 順序よく説明する	• 時間的な配列（過去，現在，未来など時の経過にしたがって） • 空間的な配列（右から左，上から下など） • 既知から未知への配列 • 緊急度（急ぐものから） • 重要度（重要なものから） • 因果関係（原因と結果，結果とその原因）
④ 具体的に説明する	図，表，グラフ，写真，絵，実物，模型，例などを用いる
⑤ 要点を繰り返す	聞き手の反応を確かめながら行い，要点を繰り返して説明をしめくくる
⑥ 質問を受ける	• 質問を受け，理解されていない点を補足して説明する • 分かりにくそうな箇所は，途中でも質問を受けながら説明する

6-4. 説得の仕方

　説得の目的は，「意図することをさせたり，やめさせたりする」ことです。こちらの依頼を受け入れない相手に納得してもらったうえで，行動をおこさせる（やめさせたりする）ことが説得です。

① チャンスを作る	タイミングを逃さず，接触のチャンスを作る
② 相手の不安を取り除く	依頼を受け入れない理由には， ・心理的な不安（失敗への恐れ，初めてのことに対する不安） ・能力的な不安（能力がない，難しそうだ） ・物理的な不安（仕事が増える，時間が取られる） ・経済的な不安（損をしそうだ）が働いていることがある これらの不安を助言や励ましにより取り除く
③ 繰り返し，時間をかける	1回で受け入れられるとは限らない
④ 第三者の力を借りる	自分の力が通用しないときは，相手に対して影響力のある人の力を借りる

6-5. 断り方

　仕事上，断らなければならないこともあります。断られるのは気持ちのよいものではありませんので，相手を傷つけず，しこりを残さないように断ることが大切です。

① 相手の話を最後まで聞く	相手の話に耳を傾け，誠意を示す
② 相手の気持ちを考える	・ご期待に添えず申し訳ございませんが ・お役に立てず恐縮でございますが ・せっかくのお申し出でございますが などのクッション言葉を使う
③ 先手を打つ	多忙で時間が取れない場合など，相手が説得に入る前に予防線をはってしまう
④ 断る理由や根拠を示す	依頼に応じられない理由や事情を相手に納得してもらえるように十分に説明する
⑤ はっきりと断る	あいまいな表現で相手に期待を持たせないように，はっきりと断る ×考えておきます，検討してみます など
⑥ 代案を示す	可能であれば，代案（代わりの人，代わりの日時など）を示す

7　組織の一員として

　会社は，営利を追求しながら社会的な役割を遂行し，成長，発展を続けなければなりませんが，そのためには，効率的に会社が機能するシステムが必要となります。そこで会社は，目標を明確にし，その達成のために組織を作り，適切な人材を配置し，指示，命令，報告，連絡のルートを整備します。会社組織は次のようなピラミッド型で表すことができ，4つに階層化されて

います。階層別の縦割りにしてみると，まず①最高経営者層であるトップマネジメント，②中間管理者層や中間管理職であるミドルマネジメント，③現場監督者層のロアマネジメント，④一般従業員層となります。

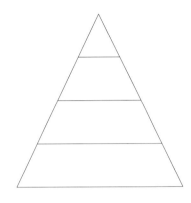

① トップマネジメント（社長，副社長，専務，常務，取締役など）

② ミドルマネジメント（部長，室長，次長，課長など）

③ ロアマネジメント（係長，主任など）

④ 一般従業員層

① トップマネジメント

　会社全体を管理する最高管理機能を持ち，私たちが通常，社長，副社長，専務取締役，常務取締役，取締役などと呼んでいる層のことです。会社経営の基本方針などの意思決定を行うのが役目です。

② ミドルマネジメント

　トップマネジメントが決定した方針や計画に基づいて，ロアマネジメントや一般従業員層に指示し，実際に動かして業務を遂行します。結果を検討して，トップへ報告することも求められます。部長や室長，課長と呼ばれている層のことです。

③ ロアマネジメント

　一般従業員層である係員を直接に動かす現場管理の役目を担います。係長，主任がこの層にあたります。

④ 一般従業員層

　ミドルマネジメントやロアマネジメントの指示・命令に基づいて，自身が担当する業務にあたります。

　医療機関での序列は以下のとおりです。

① トップマネジメント

　　病院組織の場合　理事長，院長，副院長

　　調剤薬局の場合　社長（調剤薬局の場合は，通常会社組織であるため）

② ミドルマネジメント

　　診療部長，事務部長，看護部長など

③ ロアマネジメント

医長，副医長

④　一般従業員層

　医師，研修医，看護師，事務スタッフ，受付スタッフ

　わが国の組織としての意思決定は，ある案件に関わる担当者が対策や解決策を起案し，より上の階層の上司や関係部署の指示を仰ぎ，合意を得て，最終的に決裁者が決定するボトムアップ方式を採用している会社が多いと思われます。このような方法が**稟議制度**と呼ばれるものです。

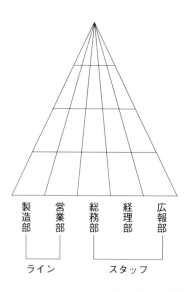

　また，組織はこのように縦に階層化されているだけではなく，横にも部門化しています。製造部や営業部などの部門はラインと呼ばれ，この部門が存在しないと組織存立の意義を失うほど重要であり，その組織にとって不可欠の部門のことをいいます。電力会社に例えると，発電所や変電所，営業所などがこれにあたり，電力供給の主要部門を担っている部門です。

　それに対して，ライン部門が効率的に機能できるようにライン部門をサポートする部門のことをスタッフ部門といいます。このように会社組織は，縦（階層化）と横（部門化）に分化し，効率的に業務が遂行できるシステムを作っているのです。

［主な部署名］

総務部	企業の中で広範な業務を担当する。来客の受付，文書作成・管理，備品や事務用品の購入・管理，事務上の管理など
秘書室	社長室などのマネジメント（経営幹部）をはじめ，役員その他につく秘書業務を管轄する
人事部	人材の採用・配属，その活用，解雇・退職などに関する業務，給与の決定，昇進・昇給，福利厚生，労使関係業務，社員教育など
経理部	企業の活動を計数的に取り扱う部門。企業の金銭の出納，保管，支払い，代金回収など管理や運用を行う。伝票管理，帳簿の作成・管理，仕入高，生産高，在庫の数量，売上高，原価管理など
企画部	経営計画の立案・遂行，経済情勢，産業の動向，市況，物価動向などの調査を行う
広報部	企業内のコミュニケーションを図る社内報，企業のPR活動を推進する広報業務を行う。マスコミの取材の窓口となる

生産部 （製造部）	商品（製品）の製造を行う
営業部 （販売部）	モノや技術，サービスなどを販売する。企業の利益を生み出す活動の中心となる

8　仕事のすすめ方

　会社では，仕事を指示どおりに，定められた期限内で処理することが要求されます。給与をもらって仕事をする以上，その結果に責任が求められます。そこで，効率的に，確実に成果を上げるためには，仕事の段取りやすすめ方の基本をマスターしなければなりません。自信をもって仕事に取り組むことができるように，仕事のすすめ方を見ていきましょう。

8-1. 指示を確実に受ける

　新入社員が担当する仕事は，平易で簡単な仕事から始まります。上司は，まず新入社員が正しく指示を受け，確実に業務を遂行できるかをチェックしています。そこから評価が分かれ，信頼できるかどうか，少しずつ難しい仕事を任せてもよいかどうかの判断基準になります。平易な仕事を確実に行うことにより，やがて大きな仕事を自信をもって担当することができるようになるのです。

[具体的な指示の受け方]
① 上司から呼ばれたら，返事をする。
② メモと筆記用具を持って，上司のところに行く。
③ 上司の指示は5W3Hでポイントを押さえながら聞く。
　＊5W3Hとは，いつ（When），どこで（Where），誰が（Who），何を（What），なぜ（Why），どのように（How），どのくらい（How much, How many）の頭文字をとったものです。
④ 質問があれば，上司の指示が終わったところで確認する。
⑤ 指示内容を復唱する。
⑥ 意見があれば，指示が終わったところで述べるが，取り上げてもらえなければ，上司の指示に従う。
⑦ 指示が重なったときや期日など，上司の期待どおりにできそうもないときは，上司にそのことを伝え，新たな指示を受ける。
⑧ 直属の上司以外からの上役からの指示に対しては，直属の上司に報告し，指示を仰ぐ。

8-2. 計画を立てて実行する

上司の指示を正しく理解したら，次は計画を立てる段階です。経営管理には，PDCAサイクル，またはマネジメントサイクルという考え方があります。計画を立てて（Plan），実行（Do）し，途中で成果を測定・評価（Check）し，必要に応じて修正を加える（Action）というものです。計画は，①緊急性（急ぐ仕事は何か），②重要性（重要な仕事は何か），③所要時間（必要とする時間の把握）を考慮して，仕事の手順を考えます。つまり，優先順位を考えながらすすめます。

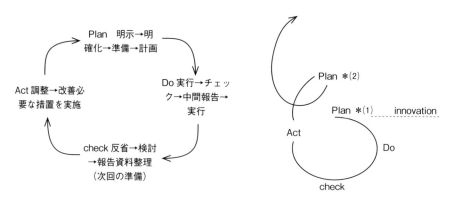

図8-1　マネジメント機能

図8-2　サイクル理論の展開PDCAサイクル

Plan (1) → Do → check → Act → Plan (2) → Do → check → Act → のように，一定にとどまらずスパイラルしていきます。

8-3. 仕事が完了したら上司に報告する

上司は部下から報告を受けるまで，指示したことが頭の中に残っています。「あの仕事，うまくいったかな」「もう終わったのだろうか」と，上司を心配させているようでは，社員としては失格です。仕事は報告して完了となることを忘れてはいけません。報告は次のように行いますが，上司が多忙なときや連絡が取りにくい場合は，メモを活用します。

［報告の仕方］
① 報告する内容を正確に把握する
② タイミングよく報告する
   ・指示された仕事が終わったらすぐに
   ・悪い結果のときは一刻も早く
   ・予定よりも長引きそうなときは，そのことが分かったときに
   ・長期にわたる仕事の場合は，中間報告を行い，現在の状況や見通しを

　　報告

③ 報告は，指示を出したひとにする

④ 何について報告するのかをはじめに言う

⑤ 結論から先に言い，理由や経過は必要であれば，簡潔に言う

⑥ 事実と自分の推測を区別する

⑦ 報告事項がいくつかあるときは，急を要すること，重要なことを優先
する

8-4. 忠告の受け方・仕方

　もし，仕事においてミスをしてしまい，忠告を受ける場合は，素直に受け
止めることが重要です。誰が言ったのではなく，何を言われたのかをしっか
り考えます。新人のミスはつきものですが，同じミスを繰り返さないことが
鉄則です。ミスをしたあとの対処の仕方によって，信頼できるかどうかが判
断されます。なぜミスをしたのか，今後はどのように改善すればよいのかを
しっかり考え，次につなげていきましょう。

① 素直にわびる	相手の誤解によるものでも「その原因は自分にある」と受け止め，素直に謝る
② 言い訳・責任逃れをしない	自分の失敗を同僚，後輩や上司のせいにしない
	×○○さんに頼んだのですが…
	×手が空いた時でよいとおっしゃったので…
③ 感情的にならない	ふてくされない　忠告を根にもたない　冷静に受け止める
④ 失敗を繰り返さない	「誰」が言ったのではなく，「何」を言われたかを考える仕事の仕方を注意された場合は，記憶し，失敗を繰り返さない[16]

[16] ミスをしたことや忠告を受けたこと，今後の改善策などはメモやノートに記録しておきましょう。

　ビジネスパーソンとして数年が経ち，後輩を育てる立場になることもあり
ます。後輩を育てるためには，忠告も必要です。しかし，忠告の仕方によっ
ては，反発を招いてしまうこともあります。したがって，忠告する際は感情
的にならず，理性的に行うことが重要です。

忠告する前	① 事実を確かめる	単なる噂にすぎないこともある　裏づけになる根拠を確かめる
	② 原因をつかむ	具体的な改善策や解決法を示すため，どうしてそうなったのか原因をつかむ
	③ 効果を予測する	忠告すべきか見送るべきか考える
	④ 時と場を考える	時（タイミング・勤務時間内あるいは終業後）や場（他人のいないところ）を考える　原則は1対1
忠告する時	① 相手の気持ちを配慮する	・長所をほめ，励ましながら期待していることを話す ・感情的にならず，穏やかに話す

		・他人と比較しない
		・忠告内容を追加しない
	② 根拠を示す	・納得できる根拠を示す
		・公平に一貫した基準で話す
	③ 改善策を具体的に示す	
忠告した後で	① 忠告したことにこだわらない	自分自身がこだわらず，さっぱりとした態度で接する
	② 痛みをいやす	声をかけるなどして相手の痛みをいやす
	③ 改善しているか見守る	忠告したことが改められているか見守る
	④ 改められていない時は繰り返す	

［後輩（新人）指導］

① 仕事を教える時	・興味を持ちそうな仕事や簡単な仕事から始める
	・必要なことを簡潔に，具体的に，分かりやすい言葉で教える
	・ミスをしそうな箇所があれば，注意するよう促す
	・仕事の意義が分かるように，その仕事の位置づけや関連する仕事についても話す
	・順次教える仕事を増やし，なるべく多くの仕事を体験させる
② 指示を与える時	・相手が素直に受け入れられるように「手伝ってほしいのだけれど…」のような言い方をする
	・期日をはっきり伝える
③ 仕事ぶり	後輩が後輩なりに考えてしていることは，枠をはめずに見守る
④ 普段の心掛け	後輩が仕事のことを相談しやすい雰囲気を作る

練習問題

本章のまとめとして，練習問題を解いて理解を深めましょう。

(1)　次の表現の中で，適切なものを一つ選びなさい。

1)　お客様，その件でございましたらあちらの係に　①伺ってください。
　②伺われてください。　③お聞きください。　④お伺いになってくだ
さい。

2)　お客様が　①おっしゃった　②申した　③申された　④言った　と
おりでございます。

3)　部長，お約束の山田様が　①参られました。　②参りました。　③
いらっしゃいました。　④お参りになりました。

4)　お客様，こちらの案内書を　①見てください。　②拝見してくださ
い。　③拝見されてください。　④ご覧ください。　⑤ご覧になられて
ください。

5)　この度，田中様が○○協会長賞を　①頂戴した　②頂かれた　③頂
いた　④お受けになった　そうでございます。

6)　部長はゴルフを　①なさるのですか？　②いたすのですか？　③い
たされるのですか？　④なされるのですか？

7)　かしこまりました。確かに伊藤に　①お伝えいたします。　②申し
伝えます。　③伝えておきます。

8)　先生，父がよろしくと　①言われていました。　②おっしゃってい
ました。　③申しておりました。　④申されておりました。

9)　先生，明日の面談には母が　①いらっしゃいます。　②参ります。
　③来ます。　④来られます。

10)　あいにくでございますが，①佐藤部長は，　②佐藤は，　③部長さん
は，　外出いたしております。

(2)　次はA子の，上司（部長）や来客への言葉遣いである。下線部分を丁寧
な言葉に直して答えなさい。

1)　コーヒーを　入れた　が，　持ってきますか

2)　休みたい　のですが，　いいですか

3)　こっち　の資料を　見て　いただけますか

4)　取引先の　田中さん　が　さっき　来た

5)　ちょっと　時間を　もらえないか

6)　先に　帰っても　いいか

7）私が　届けて　こようか

8）すぐには　できないが　どうしようか

9）失礼ではございますが　だれですか

10）お名刺を　もらえますか

11）長らく　待たせました

12）さっきは　せっかく　来てもらったのに　不在で　すまなかった

13）こっちで　田中部長が　待っています

14）そうですか

15）分かりません

（3）　次は，上司やお客さまとの会話です。この場合，あなたなら何といいますか。

　1）部長の席までA社の山田課長を案内しました。この場合，部長に何といいますか。

　　部長，

　2）電話中の山下課長にお客さまがお見えになりました。ちょっと待っていただくようにとのことです。この場合，お客さまに何といいますか。

　3）部長が外出先から会社へ帰りました。この場合，部長に何といいますか。

　　部長，

　4）部長があなたをお呼びになっています。「すぐ行く」と答えてください。

　　部長，

　5）あなたは書類のコピーをするのを頼まれましたが，コピーの取り方がわかりません。先輩にコピーの取り方を聞きたいと思います。何といいますか。

　　○○さん，

　6）あなたは山田課長から，先日他社の部長に依頼した用件の返事が来ているかどうか聞かれました。返事はまだです。この場合，課長に何といいますか。

7）部長が出張から帰られたかどうか課長から尋ねられました。部長は先
　　ほど帰社したばかりです。何といいますか。

　　はい，部長は先ほど出張から

8）患者さんにお食事をお持ちしました。お食事をすすめる場合，患者さ
　　んに何といいますか。

　　どうぞ

9）社外会議で自社の山田課長の発言に続いて説明するとき，何といいま
　　すか。

　　ただいま課長の山田が（　　　　　　　　）テーマについて説明させて
　　いただきます。

10）社内会議で山田課長の説明に対して，自分の意見をいうとき，あなた
　　は何といいますか。

　　課長が（　　　　　　　　）ことについて，私の考えを申します。

⑷　社内の序列（役職）について，（　　　　）内に役職名を入れなさい。
　＊わが国の一般的な企業内の役職と考えること。

　　　　　　　　　　　　社　　　長
　　　　　　　　（①　　　　　　　　　）
　　　　　　　　（②　　　　　　　　　）
　　　　　　　　（③　　　　　　　　　）
　　　　　　　　　　取　　締　　役
　　　　　　　　（④　　　　　　　　　）
　　　　　　　　　　次　　　　長
　　　　　　　　（⑤　　　　　　　　　）
　　　　　　　　（⑥　　　　　　　　　）
　　　　　　　　　　主　　　任

第10章 電話応対

　本章では，ビジネスにおける電話応対について学びます。電話のかけ方や受け方，電話応対用語やFAXの送受信について学び，スムーズな電話応対ができるように心がけましょう。現代では，英語での応対も欠かせません。ポイントを学んでいきましょう。

1　電話の重要性と心構え

　これから電話応対について学びますが，生活していく上で誰しもが欠かせないものではないでしょうか。しかし，普段慣れ親しんでいるのは，プライベートの電話です。これから学ぶ内容はビジネスの電話応対です。ビジネスや医療の現場では，電話応対は最高の武器になります。一本の電話で億単位の商談が成立することもあれば，応対の仕方で思わぬ誤解を招いて取引を停止されるということもあります。ビジネス電話の特殊性を理解し，かけ方，受け方の基本を身につけましょう。

1-1. 電話をかけるタイミング
　急ぎの用件でなければ，次のような時期や時間帯にかけるのは遠慮したほうがよいでしょう。
- 早朝や終業間際の忙しい時間帯，昼の前後
- 月曜日の朝，金曜日の夕方（週のはじめや終わり）
- 決算日

　緊急の場合を除いて，かける時間やタイミングに注意します。やむを得ず電話をかける場合は，「○○の件ですが，ただいまよろしいでしょうか」と相手の都合を確認しましょう。一言「お忙しいところ申し訳ございません」とわびてから用件に入るくらいの配慮が必要です。

1-2. 組織の代表として応対する
　デパートやスーパーなどで「実習生」「研修生」という名札をつけている人を見かけますが，そういう人が多少モタモタとしてもそれほどイライラせずに待つ人が多いでしょう。しかし，ビジネス電話で「はい，新人です」とは言えません。受話器を取ったら，入社10年目の社員も新人も同じ会社の代表です。会社や病院のイメージはあなたの電話で決まります。

電話は顔が見えませんが，携帯電話で話しながらおじぎを何度もしている人の姿を見かけたことがあるのではないでしょうか。顔が見えない分だけ，相手の声に全神経が集中します。声は話している人の態度や感情までも細かく伝えてくれます。明るく，さわやかに，感じのよい応対を心がけましょう。

1-3.　電話応対の心構え

① 正確に　正しく伝え，正しく聞く
② 迅速に　相手を待たせることなく素早く対応する
③ 簡潔に　内容は要領よく簡潔に話す
④ 丁寧に　丁寧な対応を心がける

2　かけ方

電話をかける際は，まず準備が必要です。相手が電話に出たら，要領よく用件を伝えることができるようにしておきます。

⑴　かける前の準備

・相手の電話番号，会社名，役職名，氏名を確認する。
・用件を整理し，話す順序をメモするなど考えておく。
・必要な資料とメモを手元に用意する。

⑵　相手（会社名）を確認し，こちらを名乗る

相手が出たら，こちらを「私，○○病院医事課の山田と申します」と名乗ります。相手が名乗らないときは，「○○さまでいらっしゃいますか」と確認します。

⑶　あいさつをする

「いつもお世話になっております」と挨拶します。

⑷　取り次ぎを依頼する

話をしたい相手に取り次いでもらいます。「恐れ入りますが，事務長の田中様をお願いいたします」と言います。

⑸　相手が出たら用件を伝える

「○○の件でお電話いたしておりますが，ただいまよろしいでしょうか」と相手の都合を尋ねます。用件は簡潔に要領よく話します。

⑹　まとめのあいさつをする

相手に用件が伝わったら「それでは，よろしくお願いいたします」などと一言添えて，静かに受話器を置きます。電話は原則としてかけた方が先に切りますが，相手がお客さまや患者さん，目上の人の場合は，先方が切ってから受話器を置いたほうがよいでしょう。

話をしたい相手が不在のときは，後でこちらから電話をするか（「それでは，

14時ごろにまた，お電話いたします」），伝言を依頼する（「ご伝言をお願いしてもよろしいでしょうか」）ようにします。こちらからの用件であるのに，（「それでは，お帰りになりましたら，お電話をお願いいたします」）と頼むのは，マナー違反です。

　また，上司に代わって電話をかけるときは，相手を呼び出してもらっている間，つまり相手が電話に出る前に上司に代わります。複雑な内容を相手に説明しなければならない場合，電話は声だけの伝達ですのでどうしても限界があります。FAX や文書を用いたり，直接会って話したりするほうがよい場合もあります。

3　受け方

　電話のベルが鳴ったら，すぐに出ることが重要です。相手を確認したら，用件を正しく聞き，必ず内容を復唱しましょう。復唱することによって，こちらの聞き間違いや相手の言い間違いなどのミスを防ぐことができます。

(1)　ベルが鳴ったらすぐに出る

　ベルが鳴ったら右利きの人は受話器を左手ですぐに取り，筆記用具とメモの用意をします。外線電話では「はい，日本物産総務部でございます」「はい，○○病院でございます」，内線電話では「はい，総務部の山田でございます」「はい，医事課の山田でございます」と名乗ります*17。3回ほどベルが鳴って出たときには「お待たせいたしました」，5回以上のときは「大変お待たせいたしました」と詫びてから出ましょう。朝は「おはようございます」とあいさつします。

*17　まず，「はい」と言ってから，名乗ります。「もしもし」という言葉は使いません。「もしもし」は問いかけの言葉であり，第一声にはふさわしくありません。

(2)　相手を確認し，あいさつをする

　相手の会社名，氏名を確認し，あいさつ（「いつもお世話になっております」）をします。相手が名乗らない場合は「失礼でございますが，どちら様でいらっしゃいますか」と確認します。

(3)　用件を正しく聞き，復唱する

　聞き違い，聞き漏らしのないように「○○ということでございますね。承知いたしました」などと復唱し，メモを取りながら聞きます。特に，数字や日にち，人名などの固有名詞には注意します。

(4)　終わりのあいさつ

　用件を聞き終わったら，「それでは，失礼いたします」「ありがとうございました」などとあいさつをして，静かに受話器を置きます。

4　様々な電話応対

　様々な電話応対のパターンについて，学びましょう。

⑴　電話が途中で切れたとき

かけた方がかけ直すのは原則ですが，相手が目上の方の場合やこちらの不手際で切れたときは，こちらからかけ直します。

⑵　電話が聞き取りにくいとき

「申し訳ございません。お電話が遠いようでございますが…」と，婉曲的に機械のせいにして電話が聞き取りにくいことを相手に伝えます。まわりが騒々しくて聞き取りにくい場合は，「恐れ入りますが，静かな場所に移りますので，少々お待ちくださいませ」と，場所や受話器を替えるのも一つの方法です。

⑶　間違い電話

「お間違えではございませんでしょうか。こちらは○○番で○○病院でございます」とはっきり間違っていることを知らせます。間違い電話にも丁寧に応対することが重要です。

⑷　伝言メモ

伝言を受けたときは，伝言メモを作成します。メモには，相手の会社名，部署名，役職名，氏名，電話番号，用件，対処の方法，受付日と時刻，受信者の氏名を書いておき，名指し人が戻ったら口頭でも電話があったことと対処について報告します。

会議中や来客中の場合は，相手や用件により，メモで名指し人に電話がかかっていることを伝えます。この場合，会議室や応接室まで出向いて名指し人に知らせるにはかなりの時間，待ってもらうことになるため，一度電話を切ってこちらからかけ直すようにします。

```
電話伝言メモ
　鈴木課長　様宛　　　三浦　受
4　月　15　日　2　時　30　分
　白十字薬局（株）営業部　大友　様から
□電話がありました
☑電話をいただきたい　　（TEL　082-830-2530　）
□もう一度電話します
　　　　　　　（　　日　　時　　分頃に）
用件は下記の通りです。
・明日〔4/15（火）〕の会議開催時間の
　変更　2：00　→　3：00
・他にも話があるとのことです。
```

□に✓印をつける

5 電話応対用語

次の電話応対用語の言葉遣いが自然に口から出るように練習しましょう。

[受けるとき]

状　況	言葉遣い	ポイント
電話のベルがなりました。 　　外線の場合 　　内線の場合	まず，こちらから名乗ります。 「はい，○○○○（会社名）○○部でございます」 「はい，○○部 ○○でございます」	・左手で受話器を取り，右手でメモをとる。利き手が左手の場合は逆。 ・机にひじをつかない。
電話のベルが鳴りました。 　　3回以上ベルが鳴ってしまいました。 　　5回以上ベルが鳴ってしまいました。	「はい，お待たせいたしました。○○○○（会社名）○○部でございます」 「はい，大変お待たせいたしました。○○○○（会社名）○○部でございます」	・3回以上ベルが鳴っても誰も出ないことは失礼です。自分のデスクの電話でない場合も，近くにいる人が必ず出ます。
先方の声が聞き取りにくいとき	「申し訳ございません。お電話が少々遠いようですが…」	・「お声が遠いようですが」とはいわず，「お電話が遠いようですが」という。
電話であいさつをするとき	「いつもお世話になっております」	
先方が名乗らないとき	「失礼でございますが，どちらさまでいらっしゃいますか」	
電話を名指し人に代わるとき	「○○でございますね。少々お待ちくださいませ」と先方に断り，「○○○○（会社名）の○○さまからでございます。お願いいたします」	・自社の人は呼び捨てにする。 ・保留ボタンを押す。 ・メモを見ながら伝える。
用件が分からなくて，担当の人と代わるとき	「恐れ入りますが，担当の者と代わります。少々お待ちくださいませ」	・先方が二度話さなくて済むように用件を担当の人にはっきり伝えること。
係が違い，他の係に回すとき	「恐れ入りますが，係が違いますので，只今担当の者にお回しいたします。少々お待ちくださいませ」	
名指し人が席にいないとき	「申し訳ございません。○○は只今席を外しております」 「戻りましたら，こちらからお電話を差し上げましょうか」	・メモをとる。

名指し人が外出中（会議中）のとき	「申し訳ございません。○○は只今外出いたしております（会議中でございます）。○時には戻る（終わる）予定になっておりますが、いかがいたしましょうか」	・メモをとる。 ・電話があったことを名指し人に報告する。
名指し人が会議中であらかじめ用件を聞いておくようにいわれたとき	「申し訳ございません。○○は只今会議中でございます。私は○○と申しますが、ご用件を承るよう申しつかっております」	
伝言を受けたとき	「私、○○部の○○と申します。確かに○○に申し伝えます」	・伝言の内容は必ず復唱する。
書類などを調べなければならないとき	「只今お調べいたしますので、少々お待ちくださいませ」	
少し時間がかかるとき	「少々時間がかかると思いますので、折り返しこちらからお電話をさせていただけますでしょうか」	
復唱するとき	「確認させていただきます」	・5W3Hで確認する。
電話があったことだけ伝えてくれといわれたとき	「お電話をいただきましたことを申し伝えます」	
名指し人が不在で、折り返し電話をするように頼まれたとき	「○○が戻りましたらお電話するよう申し伝えます。念のために、お電話番号をいただけますでしょうか」	
電話を切るとき	「それでは、よろしくお願いいたします」 「失礼いたします」	・電話を置くときは、ガチャと音がしないように指フックで切る。

［かけるとき］

状　況	言葉遣い	ポイント
自分を名乗るとき	「○○○○（会社名）○○部の○○と申します」	・相手の電話番号、会社名、役職名、氏名を確認する。 ・用件を整理し、話す順序をメモするなど考えておく。 ・必要な資料とメモを手元に用意する。
先方が留守で、折り返し電話をもらいたいとき	「恐れ入りますが、お帰りになりましたら折り返しお電	・念のため、こちらの電話番号を伝える。

	話をいただけませんでしょうか」	
留守中に電話をもらって折り返しかけるとき	「お電話をいただいていたようで，（留守にして）申し訳ございませんでした」	・折り返しの電話はなるべく早めにかける。
伝言を頼むとき	「恐れ入りますが，ご伝言をお願いできますでしょうか」「お伝えしたいことが3件ございます」	・相手がメモしやすいように要領よく，ゆっくりと伝える。 ・用件が複数あるときは，最初にその件数をいう。
上司から頼まれて，先方の秘書に電話をかけ，先方の上司に取り次いでもらうとき	「〇〇〇〇（会社名）の〇〇（上司の名前）からでございます。恐れ入りますが，〇〇社長様はいらっしゃいますでしょうか」	・先方の上司が電話に出ると同時にこちらの上司も電話口に出られるようにする。

6　FAXの送受信

　FAXを送信，受信したりする際は，次の点に注意します。

⑴　FAX番号は充分に確認する

　送信ミスは機密漏洩の危険もありますので，正しいFAX番号を確認しましょう。

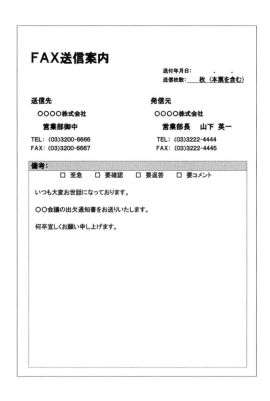

⑵　FAX には送信状をつける

発信元の会社名，部署名，氏名，電話番号，送付枚数と件名を明記しておきます。

⑶　薄い字は濃く，細かい図は拡大して送る

受信者がはっきりとわかるように，薄い字は濃くコピーしてから送るとよいでしょう。また，細かい図も FAX するとつぶれて読みにくいことがあるので，拡大コピーしてから送ります。

⑷　秘文書や社交文書は FAX しない

FAX は誰に見られるかわからないので，機密に関する文書は FAX で送ってはいけません。また，礼状や会社設立などの案内状，披露の招待状などの格式を重んじる社交文書は FAX では送りません。

7　国際電話について

国際電話がかかってきたときのためのキーワードを挙げておきます。

[受けるとき]

状　況	英語の受け方の例	日本語訳
電話をとったら	○○ Company, may I help you?	○○会社でございます。ご用件を承ります。
Mr. Tanaka をお願いしますと言われたら	①確認する Mr. Tanaka? ②在席のとき Just a moment, please. Hold on please. 　外出中 Sorry, Mr. Tanaka is out of town now, but he will be back at 15:00 tomorrow afternoon. 　会議中 Sorry, Mr. Tanaka is in the meeting now, but he will be back in an hour.	田中でございますか？ 少々お待ちください。 申し訳ございません。田中はただいま出張しておりますが、明日の15時にも戻ってまいります。 申し訳ございません。田中はただいま会議中でございます。1時間以内には戻ると思います。
相手を確認する	Who is this calling, please? May I have your name, please? May I ask who is calling ?	どちら様でいらっしゃいますか？
電話が遠い	I have trouble/difficulty hearing you. Could you speak up a little, please ?	お電話が遠いようでございます。
誰かと代わる	I'll put him/her on right now. I'll get someone who speaks English.	代わります。 英語が話せる者と代わります。
電話中	His line is busy. Would you like to hold ? I'm sorry. She is on another line.	只今電話中でございます。少々お待ちくださいませ。申し訳ございません。只今電話中でございます。
出張中	He is away on a business trip for two days.	2日間出張に出ております。

戻る	I hear she will be back in the office by 16:00. I understand he will be back at work next week.	16時には戻る予定でございます。 来週には戻る予定でございます。
伝言	Would you like to leave a message? Shall I take a message?	ご伝言を承ります。
相手の意向を伺う	Shall I ask him/her to call you back?	戻りましたらお電話するように伝えましょうか？
電話番号を聞く	May I have your phone number?	お電話番号をお聞かせいただけますか？
しめくくりのあいさつ	Thank you for your calling, good-bye.	お電話ありがとうございました。失礼いたします。

［かけるとき］

状　況	英語の受け方の例	日本語訳
…お願いします	Could I speak to …? May I have Recruiting Section, please? Would you put me through to Legal Division, please?	○○様をお願いします。 人事課にお願いします。 法務部におつなぎいただけますでしょうか。
折り返し	I'm returning her call. This is a return call to Mr. Tyson.	お電話をいただいておりました。
いつ戻る？	Do you know when she will be back?	いつ頃お戻りになりますでしょうか。
伝えて…	Please ask him to call me when he gets back?	戻られましたら，お電話いただけますようお伝え願えませんでしょうか。
代理です	I'm calling in place of Jo Aoki. I am his secretary.	青木の代理でお電話しております。秘書でございます。

8　電話応対ロールプレイング

① 取次ぎの基本

かけ手	受け手
（ベルの音） 私（わたくし），○○○○（会社名）○○部の○○と申します。 いつもお世話になっております。	はい，○○○○（会社名）○○部でございます。
恐れ入りますが，○○様をお願いいたします（○○様は，いらっしゃいますでしょうか）。	こちらこそ，いつもお世話になっております。 はい，○○でございますね。 少々お待ちくださいませ。 （保留ボタンを押す）

② 先方が名乗らない場合

かけ手	受け手
（ベルの音） 恐れ入りますが，○○様をお願いできますでしょうか。 申し遅れました。 ○○○○（会社名）○○部の○○と申します。 こちらこそ，お世話になっております。	はい，○○○○（会社名）○○部でございます。 はい，○○でございますね。 失礼でございますが，どちら様でいらっしゃいますか。 ○○○○（会社名）の○○様でいらっしゃいますね。 いつもお世話になっております。 少々お待ちくださいませ。 （保留ボタンを押す） （○○さん，○○○○（会社名）の○○様からお電話でございます。お願いいたします）

＊ メモを取りながら応対する。
＊ 電話応対の際は，ひじをつかない。

③ 名指し人が不在の場合

かけ手	受け手
（ベルの音） 私（わたくし），○○○○（会社名）○○部の○○と申します。 いつもお世話になっております。 恐れ入りますが，○○様をお願いいたします。 さようでございますか。それでは恐れ入りますが，お帰りになりましたら，お電話をいただけますでしょうか。 （こちらからまたかけ直したほうがよいが，先方となかなか連絡が取れない場合，急ぎの場合は折り返し連絡をいただいてもよい） はい，○○○─○○○○でございます。 ○○様でいらっしゃいますね。 それでは，よろしくお願いいたします。 失礼いたします。 （指フックで先に切る）	はい，○○○○（会社名）○○部でございます。 こちらこそ，いつもお世話になっております。 申し訳ございませんが，○○は，只今外出いたしております。 3時頃には戻る予定でございますが，いかがいたしましょうか。 承知いたしました（かしこまりました）。 念のため，お電話番号を教えていただけますでしょうか。 ○○○─○○○○，○○○○（会社名）の○○様でいらっしゃいますね。 ○○が戻りましたら，お電話するように申し伝えます。 私（わたくし），○○部の○○と申します。 失礼いたします。

＊ メモを取りながら応対する。
＊ 外出中（会議中）であれば，戻る時間（終了予定時間）を伝える。
＊ 先方の電話番号を確認し，復唱する。
＊ 伝言を受けたら，自分を名乗り，責任の所在を明らかにする。

練習問題

　本章のまとめとして，練習問題を解いて理解を深めましょう。

(1)　課長が不在中，取引先から課長あてに電話が入った。電話を受けた新人の伊藤は，課長が不在中であることを告げ，「差し支えなければ用件を承っておく」といった。ところが，先方は「別に急用ではないので，かけ直す」といって切った。このような場合の伊藤の課長への対応について，次の中から適切と思われるものを一つ選び，番号で答えなさい。

①　かけ直すという先方の意思を尊重し，そのままにしておくのがよい。

②　急ぎの電話ということではないので，後日折をみて伝えるのがよい。

③　内容のいかんにかかわらず，電話があったことだけは伝えるのがよい。

④　先方がかけ直してきたとき，前にも一度電話があったことを伝えるのがよい。

⑤　先方はかけ直すと言っているので，折り返し，すぐ電話をかけるよう伝えるのがよい。

(2)　A子が，電話応対のときに心がけていることである。中から不適当と思われるものを一つ選びなさい。

①　朝のうちにかかってきた電話に出るときは，まず「おはようございます」と言ってから名乗るようにしている。

②　相手の名前が聞き取れなかったときは，すぐには確認せずに，用件を聞いてから最後に確認するようにしている。

③　上司が不在で代わりに伝言を聞いたときは，内容を復唱し，尋ねられなくても自分の名前を名乗るようにしている。

④　用件が終わり，電話を切るときはなるべく後から切るように心がけている。

⑤　すぐに電話に出られず，呼び出し音が数回鳴ってから出るときは，「お待たせいたしました」と言ってから名乗るようにしている。

(3)　A子の電話応対についての心がけである。中から不適当と思われるものを一つ選びなさい。

①　ベルが鳴り，受話器を取ったら「はい」と明るく言うようにしている。

②　上司がすぐに電話に出られず，相手を長い時間待たせている場合には，途中で「もう少し待ってもらいたい」と伝えて謝っている。

③　上司が留守で，相手から「上司に伝言をしてもらいたい」と言われた

ときには，伝言をメモしたあと復唱し，最後に自分の名前を伝えている。

④　上司の留守中の電話で「上司がいるときにかけ直す」と言われたら，その電話があったことは特に上司には伝えなくてもよいことにしている。

⑤　上司に電話がかかってきて，上司が他の電話に出ているようなときには「待ってもらえるか，こちらからかけ直すか」を尋ねるようにしている。

⑷　A子（株式会社青十字薬局総務部勤務）が総務部へ入ると，外線電話が鳴っていた。このような場合，すぐに受話器を取って応答するときの言葉を答えなさい。

⑸　A子が電話（外線）に出ると上司（田中部長）宛の電話だった。この電話を上司に取り次ぐことを，電話の相手にどのように言えばよいか。その言葉を答えなさい。

第11章 来客応対

本章では，来客の応対について学びます。名刺の受け方や案内の仕方，席次や茶菓接待について学び，お客さまや患者さんに好感をもっていただけるようスムーズな応対を心がけましょう。

1 受付での応対

医療機関には，高齢者，乳幼児，障害のある人など様々な患者さんが来院します。また，患者さんの家族や親族，関係者，見舞い客など患者さんを取り巻く人たちのほか，医療機関と取引のある企業の人など多くの人が出入りします。会社では，様々な用件のあるお客さまが訪ねてきます。これらすべての人々に応対するには，単一な接遇ではなく，それぞれの状況に合わせた応対をすることが重要です。お客さまや患者さんに対して，思いやりの気持ちをもって，あたたかく迎えなければなりません。

また，お客さまや患者さんと会うのは会社内や医療機関内だけとは限りません。会社の敷地外や医療機関外で会うこともあるでしょう。特に，医療機関の職員は，患者さんの個人情報をお預かりしている立場です。どのような環境であっても，お客さまや患者さんに不快感を与えない応対ができるようにしましょう。

1-1. 応対の心構え

(1) 正確に

お客さまや患者さんの名前を間違えてしまった，取り次ぐ相手を間違えてしまった，では，お客さまや患者さんの来訪の目的を果たせません。お客さまの用件や目的，患者さんの症状を正確につかむことが重要です。正確に確認し，しっかりと頭の中に入れましょう。

(2) 公平に

お客さまや患者さんの地位，服装，言動などによって応対を変えることがあってはなりません。また，お客さまや患者さんと親しいから，有名な方だからといっても，ほかのお客さまの目のあるところでは，際立った差をつけた応対はすべきではありません。何人かのお客さまや患者さんが同時にお見えになったときは，先着順の応対が原則です。このとき，待っていただかなければならないお客さまや患者さんには，「申し訳ございませんが，少々お

待ちくださいませ」と声をかけましょう。

⑶ 誠実に，親切に，丁寧に

言葉遣いや態度，動作などの型ができていても，心が伴わないとマニュアル的で冷たい印象を患者さんやお客さまに与えてしまいます。誠実，親切な心は丁寧な態度や動作になって表れます。

⑷ 迅速に

お客さまや患者さんの大切な時間を無駄にしないように心を配りましょう。時間を要するときには，そのことをはっきりとお客さまや患者さんに伝えましょう。ただし，急ぐあまりにいかにも慌てているようでは，がさつな印象を与えてしまいます。落ち着いて手際よくテキパキと応対しましょう。

1-2. 患者さんにあわせた応対

すべての患者さんに対して公平に接するのは基本ですが，性別や年齢によって応対を変えたほうが良い場合もあります。性別や年齢による患者さんの心理や特徴を理解しながら，どのような応対があるのか考えてみましょう。

⑴ 性別による応対

例えば，受付に20代と思われる女性が見えました。受付には男性職員と女性職員がいますが，近くにいた男性職員が，「いかがなさいましたか」と応対を始めました。しかし，患者さんは話しづらそうにしていて，奥にいる女性職員をチラチラと見ています。このような場合，女性が男性に話しにくい症状のときもあります。患者さんの気持ちを考えた場合，それとなく女性職員に交代して，症状を聞きましょう。おそらく患者さんはほっとして，不安や緊張が和らぐのではないでしょうか。医療機関によっては，男性職員しかいない場合もあるかもしれません。そのようなときは，女性の看護師に任せるなど，医療機関内としての応対をあらかじめ決めておくことも一つの方法です。患者さんにとって，いつでもどのような状況でも，気持ちよく診察が受けられるような応対を考えましょう。

⑵ 年齢による応対

［子どもの目線で］

幼稚園児や小学生など子どもの患者さんもいらっしゃいます。保護者と一緒の場合が多いのですが，直接に接する機会もあります。このような場合は，その患者さんの目線に合わせ，膝を折りしゃがむようにし，会話をします。話し方も子ども扱いはせず，丁寧な応対をしましょう。また，小児科病棟などでは，子どもの目線に合わせた位置に子ども向けのポスター類を張り，親に見てほしい情報は親の目線である高い位置に張るなど工夫をすることも，患者さんのことを考えたサービスといえます。

［高齢者の目線で］

　年齢を重ねると身体機能も変化します。耳が遠い，視野が狭く見えづらい，書類などの書き物は苦手，筋力低下や関節の拘縮，触覚の低下などで物がつかみにくい，持てない，歩くのに杖が必要など，様々な患者さんがいます。また，新しい機械が導入された場合，その使い方にすぐに適応できないこともあります。このような場合，患者さんの態度やしぐさなどに現れることがありますので，常に患者さんに気を配り，不自由なことはないか，何かお手伝いできることはないかを考えましょう。

2　名刺の取り扱い

2-1. 名刺の出し方，受け方

　日本のビジネス社会では，名刺は本人の分身として扱われます。初めて訪問する会社や初対面の場合は，名刺を使ってお互いを認識しあうのが常識です。特に，新入社員は，名刺を出して，他社の人にPRする機会が多くあります。せっかくのビジネスチャンスの場面で，名刺を切らしてしまっては，チャンスを逃してしまいます。常に多めに名刺を用意しておきたいものです。まず，名刺を持つようになったら，専用の名刺入れを購入しましょう。財布や定期入れを名刺入れ替わりに使うのはやめましょう。だらしのない印象を与えかねません。

［名刺の出し方］

• 専用の名刺入れを用意する。

• 名刺入れに名刺が十分に入っているか確認する[18]。

• 名刺の受け渡しは立って行い，テーブルなどを挟まない。

• 名刺を出すときは両手で出したほうがよいが，片手に名刺入れをもっている場合は，片手で出してもよい。

• 左手に名刺入れを持ち，右手で素早く出す。

• 目下の者，訪問した方が先に出す。

• 名乗りながら差し出す。

　例　「私（わたくし），○○（会社名）の山田と申します」

• 名刺は胸の高さで受け渡す。

• 名刺は相手側に向け，やや弧を描くように出す。

［名刺の受け方］

• 両手で胸の高さで受け取る。

• 右手で名刺を持ち，左手は外側から右手に重ねるようにもつ。

• 名刺を受け取ったら，会社名，部署名，氏名を確認する。苗字などが難しく読み方で迷うときは，積極的に確認する。

＊18　ビジネスパーソンであれば，常に20枚程度は準備しておくとよいでしょう。

例　「恐れ入りますが，お名前は何とお読みすればよろしいでしょうか」

- 名刺の文字を指で押さえないように注意する。
- いただいた名刺は胸の高さを保ち，応対する。
- 着席したら，相手の名刺は名刺入れの上にのせてテーブルに置いておく。

［名刺の同時交換］

- 相手の名刺（の高さ）より低めに出す。
- 相手の名刺の上に乗せない。
- 自己紹介をしながら，下位の者から出す。
- 右手で自分の名刺を差し出し，左手で相手の名刺を受け取り，名刺を交換したら，すぐに相手の名刺を両手で持つ。

［複数の人との名刺交換の仕方］

- 複数の人と名刺交換をする場合は，上位者から行う。
- 自分が自社の人と一緒に名刺交換する場合は，上位の人が名刺を出すまで待つ。
- いただいた名刺は，しまわずに名刺入れの上に重ねる。
- 名刺は1枚ずつ目を通し，相手への敬意を表す。
- いただいた名刺は名前を覚えるために，しばらく机の上などに置き，名前を覚えながら話をして，帰り際など適当なときに名刺入れにしまう。
- 受付で同時に多数の名刺を受ける場合は，両手で受け取り，左手を名刺受け代わり（お盆の役割）にして，いただいた名刺を重ねていく。

2-2. 受付応対ロールプレイング

①〜③のケースを想定して，ロールプレイングをしてみましょう。

(1) 名刺を出されるケース

来客「こんにちは」

受付「いらっしゃいませ」

来客「（　　　）の（　　　）と申します。山田常務（様）にお約束をいただいております」

受付　確認（名刺を見ながら）「（　　　）の（　　　）様でいらっしゃいますね。お待ちいたしておりました」

(2) 口頭で名乗られるケース

来客「（　　　）の（　　　）と申します。山田常務にお約束をいただいております」

受付　確認（お客さまの顔を見て）「（　　　）の（　　　）様でいらっしゃいますね。お待ちいたしておりました」

⑶ **名前も言わず，名刺も出さないケース**

来客「山田常務をお願いいたします。」

受付（名前を訊ねる）「失礼でございますが，どちらさまでいらっしゃいますか」

来客「申し遅れました。（　　　）の（　　　）と申します」

受付「（　　　）の（　　　）様でいらっしゃいますね。お待ちいたしておりました」

2-3. 名刺交換ロールプレイング

AさんがBさんを初めて訪問する場合（事前にアポイントメントをとっている）を想定して，名刺交換をしましょう。

A：おはようございます。（こんにちは）

B：おはようございます。（こんにちは）

A：本日はお忙しい中お時間をいただきまして，ありがとうございます。
　　私（会社名・部署名　　　　　）の（　　　　）と申します。

B：（会社名・部署名　　　　　）の（　　　　）と申します。

AとBが同時に名刺を交換する。必ず立って行う。

＊自己紹介をしながら，下位の者から出す。

＊名刺をいただく際は，「恐れ入ります」「ありがとうございます」などの言葉を添える。

＊右手で自分の名刺を差し出し，左手で相手の名刺を受け取り，名刺を交換したら，すぐに相手の名刺を両手で持つ。

B：（　　　　）の（　　　　）様でいらっしゃいますね。
　　宜しくお願いいたします。

A：こちらこそ宜しくお願いいたします。

3　取次ぎと案内

応対は受付，取次ぎ，案内，茶菓接待，見送り，後片付けの6段階で考えます。予約のあるお客さまの場合は，受付，案内，連絡，接待，見送り，後片付けという順序で応対します。受付では，お客さまや患者さんをあたたかく迎えます。医療機関では，相手と症状を確認します。診察券を出してもらい，初めての患者さんであれば，症状などを詳しくフォーマットに記入してもらいます。順番まで待合室で待ってもらいます。

会社であれば，受付でお客さまと用件を確認します。お客さまがいらっしゃるのを確認したら，すぐにイスから立ち上がり，「いらっしゃいませ」と一礼します。お客さまが名刺を出されたら，両手で受け，胸の高さで持ち，

会社名と氏名を確認します。お客さまが名刺を出されず，名乗られない場合は「失礼でございますが，どちらさまでいらっしゃいますか」と確認しましょう。次に，「恐れ入りますが，どのようなご用件でいらっしゃいますか」と用件を確認します。名指し人を確認したら，在席していることがわかっていても，名指し人の在は言わず，「ただいま確認してまいりますので，少々お待ちくださいませ」と応対します。名指し人が忙しくて会えない場合もあるからです。

［**案内のマナー**］

　お客さまを応接室へ案内する場合は，「お待たせいたしました。応接室へご案内いたします。こちらへどうぞ」と言って，案内する方向を手のひらで指し示します。

⑴ **廊　下**

・お客さまの2～3歩先，斜め前を歩き歩調を合わせる。

・曲がるときは一声かけて「左でございます」などの言葉をかける。

・曲がり角や階段などの要所で後ろを確認しながら，お客さまと離れすぎないように注意する。

⑵ **エレベーター**

・誰も乗っていない場合，中の安全を確認するため「お先に失礼いたします」と一声かけて先に乗る。

・すでに乗っている人がいる場合は，お客さまに先に乗っていただく。

・「〇階にご案内いたします」と一声かける。

・降りるときはお客さまに先に降りていただく。その際，「どうぞ。左へお進みください」と一声かける。

⑶ **階　段**

・お客さまの上を歩かないのが原則。

・下りの場合は，案内者が先に下りる。

・状況によっては，「失礼いたします」と言って，先に上る。

⑷ **ドアの開閉**

・ドアをノックしてから応接室に入る。

・外開きの場合　手前に開いてお客さまを先に～。

・内開きの場合　「お先に失礼いたします」と断って自分が先に入り，お客さまを招き入れる。

4　席　次

　席次は，座る位置によって，相手を尊敬する気持ちを表します。応接室では，お客さまに上座を指し示し，「どうぞこちらにおかけください」とすすめます。荷物やコートがある場合は，「よろしければ，お預かりいたしましょうか」と声をかけます。お客さまが座られたのを確認し，「少々お待ちくださいませ」と言って，会釈をして静かに部屋を出ます。

［上座の定義］

① 出入口から遠い。

② 眺めがよい。

③ ソファである。

④ テーブルの長辺と正対する。

⑤ 執務室に応接セットがある場合は，事務机から遠い。

［イスの格］

イスにも格があり，次のような順番になります。

① ソファ

② ひじ掛けイス

③ 背もたれだけのイス

④ スツール

　応接室，和室，車，列車，エレベーターなどの席次は，次のようになります。

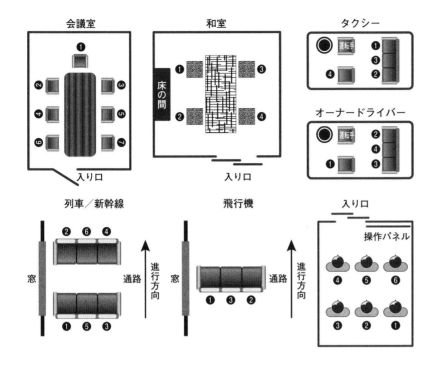

5　茶菓接待のマナー

5-1. お茶の入れ方

① 急須と湯のみを温める

② 急須にお茶の葉を入れ，適温のお湯を注ぐ

・玉露：50〜60度で2〜3分おく。

・煎茶：70〜80度で1〜2分おく。

・ほうじ茶：100度でさっといれる。

③ お茶の濃さが均一になるように回しつぎをし，7分目ぐらいにつぐ

・お茶の葉が入るようであれば，茶こしを使う。

・コーヒー，紅茶は8分目。

・取っ手の向きは，右（アメリカ式）か左（ヨーロッパ式）に統一する。

④ 糸底の水気を布巾でふく

5-2. お茶の運び方

・お盆にのせるときは，湯のみと茶たくは別々に。

・お盆は両手で胸の高さでもつ。

・息がかからないようにお盆を片側に寄せて。

・入室するときはノックを忘れずに。

5-3. お茶の出し方

- サイドテーブルの上にお盆を置く。
- サイドテーブルがない場合は，「失礼いたします」と一声かけてから，下座側のテーブルの端に置かせてもらう。
- お盆を置く場所がない場合は，片手でお盆を持ち，利き手（右手か左手）で出す。
- お客さまの上位者から，腰を低くして両手で静かに湯のみを置く。
- 小声で「どうぞ」と言い添える。
- お菓子がある場合は，飲み物より先に出す。
- お客さまから見て左にお菓子，右にお茶になるように。
- 脇に抱えたお盆は表が外向き。
- 会釈をして，速やかに退出する。
- 面談が長引いてお茶を入れ替える場合は，前に出したものは湯のみごと一度下げ，新しく出し直す。その際，湯のみはお客さまのものから下げる。

5-4. 湯のみの置き方

- 絵柄（模様）のついている側をお客さまに向ける。
- 木目のある茶たくはお客さまに対して横向きに

6　見送りと片付け

　受付で見送るときは立ち上がって，患者さんであれば「お大事になさってください」とあいさつをして一礼します。お客さまであれば「失礼いたします」「ありがとうございました」などとあいさつをして一礼します。

［見送りのマナー］
- 預かり物に注意する。
- エレベーターまで見送るときは，お客さまがエレベーターに乗るときに一礼し，エレベーターの扉が閉まって動き出すまで見送る。
- 車まで見送るときは，車が走り去るまで見送る。
- 上司と一緒に見送る場合は，上司よりも1～2歩下がって見送る。

［後片付け］
- 忘れ物に注意する。
- お茶を下げる。
- 灰皿，テーブルの上，イスは汚れていないか。
- 空気の入れ替え。
- 今後の参考となるため，来客名簿に記入する。

［来客名簿の例］

令和○年　○月　○日（　　　）			用件	来社時刻	退社時刻	応接室	備考
会社名	役職名	氏名					
（株）○○	社長	斉藤隆様	納品遅延	10時	10時30分	第3	
○○（株）	常務	三宅博様	挨拶	11時	11時15分	第1	K大同窓

［担当者と会えない場合の基本応対］

① 伝言：お差し支えなければ，ご伝言を承りたいと存じますが，いかがいたしましょうか。

② 代理：もしよろしければ，代理の者ではいかがでございますか。

③ 上司から連絡する：会議が終わりましたら，こちらからご連絡を差し上げるということで，いかがでしょうか。

④ 後日のアポイントメント：改めてお約束を承りたいと存じますが，ご都合のよろしい日時をいくつかお聞かせいただけませんでしょうか。

7　訪問のマナー

　ビジネスで他社を訪問するときは，商談をすすめるなどの目的があります。ビジネスパーソンは，皆忙しい生活を送っています。先方の都合を確かめずに，突然訪問すると，留守であったり，会議中や来客中であったり，会えない場合も多くあります。これでは訪問の目的が達せられないだけではなく，訪問のプロセスにかけたエネルギーも無駄になってしまいます。会社にとっても，時間とコストを無駄にしたことになります。効率的な訪問計画を立て，目的達成を心がけなければなりません。

　会社を一歩出たら，会社の代表になったつもりで行動します。お客さま一人ひとりへの接し方が会社の印象と信用につながることを忘れてはなりません。会社の代表としてのマナーを心がけましょう。

7-1. 訪問の心得

• アポイントメント（面談予約）を事前に取って訪問する。

• アポイントメントは早い時期に電話や手紙（封書[19]），メールなどで申し込む。

　① 誰が（会社名，部署名，役職名，氏名，人数）

　② いつ（面会希望日時，所要時間，返事の期限）

　③ なぜ（面会の用件，目的）

　④ どこで（面会場所）

　＊5W3Hで漏れのないように伝えましょう。

[19] ハガキは略式ですので，失礼になります。アポイントメントの申し込みを手紙で行う場合は，封書で行いましょう。

7-2. 出かける前に

＊20 『日経　会社情報』や『役員四季報』，会社のホームページや「日経テレコン」などを活用するとよいでしょう。

- 訪問先についての下調べ[20]

　① 事業内容

　② 経営方針や主要な取引先

　③ 業界でのポジション

　④ 財務内容

＊21 「乗換案内」が便利です。

- 訪問先への交通手段[21]を確認する。

- 資料（カタログ，パンフレット，会社案内，地図など）や面談の進め方などを準備する。

- 名刺入れに名刺が充分に入っているか確認する。営業担当であれば，20枚は常備しておく。

- 行き先とスケジュールを上司に伝えておく。

- 帰社予定は必ず告げる。

7-3. アポイントメントは守る

　アポイントメントの時間には，絶対遅れてはなりません。この積み重ねが，あなたへの，会社への信用につながります。予定の時間の5分前には先方に到着しましょう。当日は，交通渋滞や交通機関の遅れが発生することもあります。早めに先方の近くまで行って，時間調整をするようにしましょう。

7-4. 遅れる場合は遅れることがわかった時点ですぐに連絡

　予定した時間に間に合わないとき，やむを得ない事情で遅れそうなときは，そのことがわかった時点ですぐに先方に連絡するのがマナーです。「相手の貴重な時間を浪費させるな，心配させるな」が鉄則です。先方に連絡がつきにくいときは，自分の会社に連絡し，会社から連絡してもらう方法もあります。大幅に遅れる場合は，電話で事情を説明しておわびし，別の機会に会ってもらうように依頼します。

7-5. 受付でのマナー

　受付は，その会社のいわば関所のようなものです。受付に行くまえに，次のことをチェックしましょう。

- 髪は乱れていないか。

- 靴は汚れていないか。

- ネクタイは曲がっていないか。

- コートは会社に入る前に脱ぎ，腕にかける。

- 雨の日は，傘のしずくをよく切っておく。

- ジャケットの第一ボタンはとめておく。

⑴　アポイントメントのある場合

　受付にその旨を告げます。「○○（会社名）の山田と申します。総務課の鈴木課長に2時のお約束でお目にかかることになっています。」

　上司と一緒の場合は，目下の人が受付に申し出るようにします。

⑵　アポイントメントのない場合

　新任や転任のあいさつ，年末や新年のあいさつなど，短時間で済む場合は，あらかじめ予約する必要はありません。先方がいない場合は，名刺に「〜のためごあいさつにまいりました」と書くか，新年御挨拶，年末御挨拶のスタンプを押した名刺を先方に渡してもらうよう頼んで帰ります。先方がいる場合は，あいさつにきた旨を伝えて，取り次いでもらえたら，先方に会ってあいさつをし，すぐに帰るようにしましょう。

7-6.　応接室でのマナー

- 「おかけください」と言われるまで着席しない。
- 上座をすすめられない限り，入口に近い下座で待つ。自分から上座に座らないようにする。
- 応接室で待っているときは，上着を脱いだりタバコを吸うことは控える。
- 名刺や必要な資料をすぐに出せるように準備しておく。
- カバンは足元に置き，ソファの上には置かない。
- コートは小さく畳んで，ソファのひじ掛けの横に置く。先方にすすめられるまでは，勝手にコートかけにかけない。
- ノックが聞こえたら，立ち上がって一歩出入口に近づいて待つ。
- 面談の相手が入室したら，名刺交換をしてから着席する。
- お茶を出してもらったら，一人で待っている場合は，「ありがとうございます」と言って飲んでよい。
- 先方と一緒の場合は，「どうぞ」とすすめられてから，「いただきます」と言って飲む。
- 用件は約束の時間内に済ますようにする。

7-7.　退室のマナー

- 帰りのあいさつは立ち上がって，丁寧に
  「お忙しい中お時間をいただきまして，ありがとうございました」
  「貴重なお時間をありがとうございました。よろしくお願いいたします」
- 受付にあいさつしてから帰る。
- 基本的にはコートは会社を出るまで着ない。

- 帰ったら，訪問の結果をまとめ，上司に報告する。
- 翌日，お礼の電話をするかメールまたは礼状を出す。

7-8. 紹介のマナー

［紹介の原則］

- 目下の人や自社の人を先に紹介する。（目上の人や来客に先に情報を与える）
- 一人と多人数の場合，一人の方を先に紹介する。（多人数に先に情報を与える）
- 男女であれば，男性を先に紹介する。（女性に先に情報を与える）

［紹介する側の心得］

- 紹介は立ち上がってする。
- 自社の人を他社の人に紹介するときは，名前の呼び方に気をつける。

  例：○「部長の山田」 ×「山田部長」

- 名前だけではなく，所属や役職，経歴なども紹介すると理解が深まる。

［紹介される側の心得］

- 紹介されたら，会社名や氏名を復唱し，自己紹介する。
- あいさつは「いつもお世話になっております」「いつも○○様のお話は伺っています」など。

8．来客応対のビジネス英語です。練習してみましょう。

At Reception（受付業務）

① 面会予約のある来客と

いらっしゃいませ

Good morning. / Good afternoon.

May I help you?

How can I help you?

What can I do for you?

Is there anything I can do for you?

名前？会社？

May I ask your name and the name of your organization?

Could I have your name and your company?

ご用件は？

Do you mind if I ask you what business it's about?

Could you tell me briefly what it's about?

Would you mind telling me the purpose of your visit?

訪問先？

Who are you visiting, please?

May I ask who you are here to see?

面会の約束？

Do you have an appointment?

Is he/she expecting you?

お待ちしていました

He has been expecting you.

I've heard you're coming.

I think he's been expecting you.

連絡します

I'll tell her you are here.

I'll let him know of your arrival.

すぐ来ます

Mr. Yamamoto will be with you in a minute. Please take a seat.

Will you wait for a moment, please ? He'll soon be here.

She's coming now. Please be seated.

お待ちください

He asks if you could wait for a while. He still has a visitor.

Would it be possible for you to wait for a while?

案内します

I'll show you to his office. Will you come this way, please?

Shall I take you to the conference room? This way, please?

Would you come along with me to the meeting room?

練習問題

　本章のまとめとして，練習問題を解いて理解を深めましょう。

⑴　A子の受付での来客応対の仕方である。中から不適当と思われるものを
　　一つ選びなさい。
　　①　約束があっても初めての来客は，先に名刺をもらってから取り次いで
　　　いる。
　　②　来客が名乗ったら「○○会社の○○様でいらっしゃいますね」と復唱
　　　している。
　　③　受付のほうに向かって歩いてくる来客の姿を認めたら，すぐに立ち上
　　　がっている。

④ 不意の来客でも顔見知りのときは，上司が在席していれば，そのまま取り次いでいる。

⑤ 来客と話をしているとき，受付に電話があったら「失礼いたします」と断って電話に出ている。

(2) A子が来客の応対で行っていることである。中から<u>不適当</u>と思われるものを一つ選びなさい。

① 不意の来客は，上司に確認し，取り次ぐかどうかの指示を得るようにしている。

② 上司不在中の不意の来客には，帰社時刻と外出した用件を伝えて帰ってもらっている。

③ 不意の来客でも上司が会うと言った来客は，すぐに応接室へ案内してお茶を出すようにしている。

④ 上司が会わないと言った不意の来客には「忙しくて会えない」などと伝えて帰ってもらっている。

⑤ 来客にはまず氏名と会社名を尋ね，予約を受けている場合は，すぐに上司に連絡して取り次いでいる。

(3) A子が，来客から名刺を受け取って上司に取り次ぐときに行っていることである。中から<u>不適当</u>と思われるものを一つ選びなさい。

① 会社名や氏名の読み方がわからないときは，その場ですぐに尋ねるようにしている。

② 予約客で名前がわかっていても，名刺の会社名と氏名を確認するようにしている。

③ 名刺は両手で受け取り，会社名や氏名の上に指がかからないよう，端を持っている。

④ 預かった名刺は手に持たず，胸のポケットに入れて上司のところまで行き，取り次いでいる。

⑤ 名刺に肩書が書かれていても，確認するときは肩書を言わず，「○○会社の○○様でいらっしゃいますね」と確認している。

(4) A子が，来客を応接室に案内するときに行っていることである。<u>不適当</u>なものを選びなさい。

① 応接室へ案内するときは，客に背を向けないように注意して，客の少し後ろを歩くようにしている。

② 来客をすぐ上の階に案内するときは，すぐ上の階に行ってもらうのだが，階段でよいか，先に尋ねている。

③ 来客をエレベーターで案内するときは，エレベーターで○階へ行く，と言ってからエレベーターに乗ってもらっている。

④　応接室の前では立ち止まり，ドアをノックして開けてから「どうぞ」
　　と案内している。

⑤　応接室のドアが内開きの場合は，自分が先に入り，ドアを押さえて来
　　客を招き入れている。

⑥　応接室のドアが外開きの場合は，ドアを引いて開けたら押さえて，客
　　に先に入ってもらっている。

⑦　応接室では，来客に「こちらで少々お待ちくださいませ」と言って，
　　一番手前のイスをすすめて座ってもらう。

⑧　応接室を退出するとき，ドアの前で来客に向かって軽く会釈をしてか
　　ら，ドアを開けて室外に出ている。

(5)　A子が来客に緑茶を出すときの出し方である。不適当なものを選びなさい。

①　茶たくにのせたお茶は来客の右前に置くようにし，小声で「失礼いた
　　します」と言っている。

②　来客にお茶を出すとき，湯のみに絵柄があるときは，絵柄が来客に見
　　えないように置いている。

③　お茶は主に煎茶を出しているが，煎茶を入れるときのお湯の温度は50
　　度くらいにしている。

④　お茶を入れた湯のみは茶たくにはのせずに運び，サイドテーブルで茶
　　たくにのせてから出している。

⑤　お茶は茶たくにのせて出すが，茶たくに木目のあるもののときは，来
　　客に対して横向きになるように置いている。

⑥　テーブルに資料などがあって湯のみが置けないときは，自分で資料を
　　手でどけてお茶を出すスペースを作っている。

⑦　来客が複数のときは上位者から出すのがよいが，どの人が上位者かわ
　　からないときは下座から出すのがよい。

(6)　A子の来客への茶菓の出し方である。中から不適当と思われるものを一
　　つ選びなさい。

①　お茶を出すときは，まず客に出し，次に社内の上位者から順に出して
　　いる。

②　お茶を出すときは，小声で「失礼いたします」とか「どうぞ」と言っ
　　ている。

③　お茶を出すときは，社内の者の後ろを通って来客に出すようにしている。

④　お茶とお菓子を出すときは，まずお茶を出し，次にお菓子を出している。

⑤　お茶とお菓子を出すときは，客から見て右にお茶，左にお菓子を出し
　　ている。

(7)　A子は上司と一緒に，運転手付きの社用車で取引先の専務を空港まで見

145

送ることになった。このような場合，専務，上司（社長），A子はどの席に座るのが適切か。

（　）内に数字を記入せよ。

運転手	②
助手席①	③

専務（　）上司（　）

A子（　）

(8) A子は取引先の工場を見学する上司に同行した。見学が終わって帰りに，工場を案内してくれた工場長が，最近大河ドラマで脚光を浴びるようになった史跡が近くにあるので，案内しながら駅まで送ってくれるという。車の運転は工場長がするという。このような場合，上司とA子は車のどの席に座ればよいか。次の中から適当と思われるものを一つ選びなさい。

助手席＝ア　　運転席の後ろ＝イ　　助手席の後ろ＝ウ

① 上司　ア　　A子　イ

② 上司　ア　　A子　ウ

③ 上司　イ　　A子　ウ

④ 上司　イ　　A子　ア

⑤ 上司　ウ　　A子　ア

(9) A子の上司は社内の会議に出席している。ところが，会議が長引いて終わらないうちに，取引先のK氏が予約の時間に来訪した。次はこのとき，A子が順に行ったことである。中から不適当と思われるものを一つ選びなさい。

① K氏に「K様でいらっしゃいますね。お待ちいたしておりました」と言って挨拶した。

② K氏に上司は会議が長引いていてすぐには会えないとわび，「少々お待ち願えませんでしょうか」と言って頼んだ。

③ K氏は待つと言うので，応接室へ案内してお茶を運び，「よろしければどうぞ」と言って雑誌と新聞をすすめた。

④ 会議室の上司に，K氏が来訪したことと「あとどのくらいで終わりそうですか」と小声で言って尋ねた。

⑤ 会議が終わって戻ってきた上司に，「K様が応接室でお待ちです」と言って伝え，上司とK氏の二人分のお茶を出した。

(10) 来客の応対で次の場合，どのように言うのがよいか，書きなさい。

① 名刺の名前の読み方がわからないとき

② 不意の来客が名前を名乗らなかったとき

③ 上司（山本部長）が会うかどうかわからない客を取り次ぐとき，客にかける言葉

④ 取引先に日頃の礼を言って応接室に案内するとき

⑤ 来客を見送るとき

第12章　交際業務

　本章では，ビジネスにおける交際業務について学びます。慶事や弔事におけるマナー，贈答やお見舞いの際の注意点などを学び，ビジネスパーソンとして様々な方々とおつきあいを深めていきましょう。

1　冠婚葬祭の知識

　交際業務は，ビジネスパーソンとして仕事を円滑に進めていくための重要な業務の一つです。特別な行事でもあり，マナーやタイミングを重視しますので，基本的な事項について理解しましょう。

1-1. 交際業務の種類

(1) 慶事

　結婚，賀寿（長寿の祝），受賞・受章[22]，昇進・栄転・就任，周年記念行事，設立記念式典，新社屋・新工場の新築披露，社長就任披露など

(2) 弔事

　通夜，葬儀，告別式，社葬[23]，法要

(3) 見舞い

　病気見舞い，事故見舞い，火事見舞いや風水害見舞いなどの災害見舞い

*22　様々な賞を受けたり，国から勲章や褒章を受けたりすること。

*23　社員が殉職した場合や会社に対して貢献度の高い人が亡くなった場合に，会社が施主となって行う葬儀。

1-2. 交際業務の心得

(1) 情報を確認する

　慶弔情報は，「人」に関わるものですので，細心の注意を払わなければなりません。間違った情報のもと，お祝いやお悔みを行うことのないように気を付けましょう。

(2) 相手の立場に立った心配りをする

　訃報や入院の知らせを受けたときなど，遺族や患者さんの気持ちを汲んだ行動が大切です。

(3) 人間関係・交際の程度に見合うものにする

　深い交際であるのか，単なる儀礼的な交際であるのかによって，行事に出席するのか，電報で済ませるのかなど，対応すべきことが異なります。

(4) マナーやしきたりを重視する

　慶事や弔事のマナーは，伝統に裏付けされたものです。作法や服装，金品

の贈り方に至るまでマナーを知っておかなければなりません。また，地方や地域によって，習慣が異なる場合もありますので，注意しましょう。

⑸　**タイミングよく**

　慶弔に関する知らせを受けたら，タイミングよく行います。早くても遅くても具合が悪いのです。それぞれの慶弔にあったタイミングを考えます。慶事に関する行事や式典などの実施日は，ビジネスの一環として行う場合，休日を避けて考えます。一般に吉日の日を選び，仏滅の日は避けます。

［六輝・六曜］

　日が良い，悪いという考え方は，太陽暦の六輝・六曜の考え方からきています。大安，先勝，友引のことを吉日といいます。

大　安	たいあん	吉の日　慶事に最適の日
先　勝	せんしょう	午前は「吉」　午後は「凶」　急用・訴訟は○
友　引	ともびき	昼は「凶」　友を引くということで弔事は×　慶事は○　建築○
先　負	せんぶ	午前は「凶」　午後は「吉」　急用・公事は×
赤　口	しゃっこう	正午のみ「吉」　何をするにも忌む
仏　滅	ぶつめつ	凶の日　慶事（結婚式など）や新規に事を行うことを避ける

1-3. 返信ハガキの書き方・出し方

　慶事の催しがある場合には，一般的には招待状や案内状が郵送などで届きます。出欠の返事について，順を追って見ていきましょう。

① 招待状や案内状の返事は，出欠にかかわらず早めに出す。

　出欠の予定がわかったら，すぐに出しましょう。締切日までには必ず届くようにします。

② 氏名または会社の敬称*24は2本線で消し，宛名の「行」を会社や団体宛であれば「御中」，個人宛であれば「様」に直す*25。

③ ハガキの余白にお祝いの言葉や挨拶を書き添え，心を込める。

*24　御中，様，殿のこと。

*25　2本線で消すかわりに「寿」という文字で消してもよいでしょう。

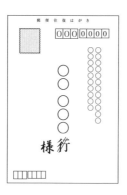

④ やむを得ず欠席する場合は，その理由を簡単に記入する[*26]。

　例：誠に残念ですが，出張中のため（所用のため）欠席させていただきます。

⑤ 口頭での返事は，急な予定変更など，やむを得ない場合に限る[*27]。

　口頭で出席を知らせていた場合でも，返信のハガキは必ず出す。

2　慶事のマナー

慶事には結婚式や賀寿，受賞のお祝いなどがあります。それぞれのポイントについて学びましょう。

2-1. 受付の心得

会社や催事の第一印象を決める場となります。明るい表情で応対します。

① 服装は催しの趣旨にあった服装にする[*28]。

② 受付に記帳用の芳名帳，筆記具を準備する。

③ 招待状と名簿を照合し[*29]，座席表を確認する。

④ お祝い金やお祝い品は，受付で預かり，間違いのないように保管しておく[*30]。

⑤ 主賓の顔と名前を覚えておき，左胸にリボンなどを着けてもらう場合は，お渡しする。

⑥ 祝宴の終わりに先がけて，車の手配を確認する。

2-2. 慶事の服装

慶事に出席するときの洋装は，昼夜で区別し，着用します。昼間であれば，男性の正装はモーニング，略礼装はダークスーツです。ネクタイは，モーニングのときは白黒のしま，ダークスーツの場合は白黒のしまかシルバー（白）を着用します。ポケットチーフは白にし，靴下と靴は黒にします。昼間の女性の正装はアフタヌーンドレスで，あまり肌を出さないことが基本です。

夜は，男性は**タキシード**で，黒の蝶ネクタイを着用します。女性は胸元や肩を出した**イブニングドレス**にダイヤモンドなど光る宝石をアクセサリーとして身につけます。

和装の場合は，昼夜の区別ではなく，女性は未婚・既婚の区別があります。未婚者は**振り袖**，既婚者は**留め袖**となります。

仕事として慶事に出席する場合は，改まったダークスーツを着用します。その場の雰囲気に合わせて，コサージュをつけたり，淡い色のスーツを着用することもあります。その際，あくまでも，仕事として慶事に出席するのですから，招待客ではないことの自覚が必要です。

[*26] 欠席の理由に，縁起の悪い内容は書きません。

[*27] 出席の連絡をしていて，急に都合が悪くなった場合は，一刻も早く電話で事情を伝えます。直前になってから伝えたり，当日になって欠席するのは大変失礼なことです。電話で伝えた場合は，改めて手紙で丁寧におわびをします。

[*28] 招待客より控えめにし，身だしなみに気を付けます。

[*29] 受付での確認をスムーズに行うため，招待状の封筒にナンバリングで番号を付けておき，当日受付に持ってくるように案内することもあります。

[*30] 金品を保管しているため，受付は絶対に空けないようにします。

		男　性		女　性	
洋　装	昼	モーニング	アフタヌーンドレス		
	夜	タキシード	イブニングドレス		
	略礼装	ダークスーツ	ワンピース	スーツ	
和　装	羽織袴		未婚者	振り袖	
			既婚者	留め袖	

モーニング　　アフタヌーンドレス　　　　振り袖

タキシード　　　イブニングドレス　　　留め袖

2-3. 結婚式のマナー

(1) 贈り物

お祝い品は1週間前までには届けましょう。持参する場合は，吉日を選びます。

(2) 祝電

出席できない場合は，祝電を打ちます。披露宴が午前中に行われる場合は前日の午後に，午後の披露宴の場合は，当日の午前に配達を指定します。

(3) 招待状の返信

出欠の返事はできるだけ早く出しましょう。

2-4. 披露宴でのマナー

① 会場には15分前には到着する。

② 受付では名前を名乗り，祝儀袋は受付でふくさから取り出して渡す。

③ 自分の席次を確かめてから入場する。

④ 入場するときはお祝いの言葉をかける[31]。

⑤ 祝辞の前と後には拍手を忘れずに，祝辞の間は会話を控える。

⑥ スピーチを頼まれたら，忌み言葉[32]に注意しながら，オリジナリティ

*31　長いあいさつは控えます。

*32　切れる，別れる，離れる，終わるなどの言葉のこと。

のあるものにする*33。

⑦　写真撮影は，司会者から許可があった場合に撮るようにする。

2-5. 賀　寿

　賀寿とは，長寿の祝いのことです。次の年齢で行います。本人の趣味にふさわしく，記念になる品を贈ったり*34，お祝いの会に出席します。

賀　寿	年　齢	い　わ　れ
還暦 （かんれき）	60歳	暦の十二支と十干の組み合わせが一回りして，再び生まれた干支に戻ることから
古希（稀） （こき）	70歳	「人生七十，古来稀なり」という杜甫の詩の一節から
喜寿 （きじゅ）	77歳	「喜」の字をくずして書くと七十七となるから
傘寿 （さんじゅ）	80歳	「傘」の字をくずすと八十に似ているから
米寿 （べいじゅ）	88歳	「米」の字が八十八を上下に組み合わせてできているから
卒寿 （そつじゅ）	90歳	「卒」の字を略すと九十となるから
白寿 （はくじゅ）	99歳	百の字から一を取ると，白の字になるから

2-6. 受賞・受章

　会社や団体などから賞を受けたり，国からの勲章*35や褒章*36を受けることです。様々な分野で長年にわたる努力や功績が認められる名誉なことです。知らせを受けたら，祝電を打つか，お祝い状を出します。受賞・受章の内容や先方の趣味に合った贈り物を届けます。

2-7. パーティの種類

① ディナーパーティ （晩餐会）	格式の高い集いに最適。午後6時以降に開かれ，フルコースの食事をとる。服装の指定があり，席次なども決められている。開会の15分前には到着するように時間厳守を心がける。
② ランチョンパーティ	正午から午後2時までに開かれる。略式の晩餐会。
③ カクテルパーティ	午後5時くらいから始めて，1～2時間で終了する。アルコールが主体で，料理はハムやカナッペ，サンドイッチ程度。指定された時間内であれば，いつ来ていつ帰ってもよい。しっかり料理も出される場合は，カクテルビュッフェという。
④ ビュッフェパーティ	立食パーティのこと。多人数のパーティに最適で格式ばったところがない。主目的は参加者との歓談。
⑤ レセプション	何かの披露を目的としたもの。招待客の数も多人数で，400～500人，1,000人以上のこともある。立食形式が多い。

*33　最初と最後は祝いのあいさつなど型どおりの表現にし，中身の部分はほほえましいエピソードなどを交えて話し，オリジナリティのあるものにしましょう。

*34　お祝いの品を送る場合は，お祝い状を添えます。

*35　瑞宝章，文化勲章，旭日章，菊花章，宝冠章，桐花章があります。毎年，春と秋に受章者が発表されます。

*36　紅綬，緑綬，黄綬，紫綬，藍綬，紺綬褒章があります。毎年，春と秋に受章者が発表されます。

2-8. 立食パーティでのマナー

結婚式の2次会をはじめ，披露パーティなど昨今立食形式のパーティが多いです。ビジネスで招待された場合は，会社の代表として参加しなければなりません。立食パーティの基本的なルールを確認し，スマートなふるまいができるように努めましょう。

- 立食パーティの主目的は，参加者との歓談であるので，食べることより会話を楽しむことを考える。
- イスは周囲に少しだけ用意されているが，長時間占領しない。
- テーブルに並べられた料理の前で食べない。
- 歩きながら食べない。
- テーブルには，オードブル→冷たい料理→温かい料理という順に時計回りに並んでいるので，そのとおりに料理を取って進んでいくのが基本である。
- 盛り付けを壊さないように，料理は端，または上からとる。
- 皿の上に盛り付けるのは，2〜3種類ずつにする。
- 一度に取る量は食べ切れる量を盛り付ける。
- 汚れた皿に新しい料理はとらない。
- 汚れた皿はサイドテーブルにおくか，ウエイターに渡す。
- 両手に皿を持たない。
- コーヒーカップはカップだけでなく，ソーサーごと持つ。
- 会場で化粧直しをしない。
- 大きな荷物はクロークに預ける*37。

*37 立食形式では両手が使えるショルダーバックが便利です。

2-9. 料理の種類

① 会席料理	料理店や旅館などで供される料理（高級な日本料理）。 酒を飲むために酒菜で構成され，多くは最後にご飯が出る（酒宴の席の上等な料理）。
② 懐石料理	本来は茶席で茶の前に出される料理のこと（茶会で出される料理）。 あくまでも茶を飲むことが目的であるため，料理は素朴で簡単なものを旨とし，一汁三菜が基本。 現代では，①と②はほぼ同様の意味となり，本来の懐石料理を茶懐石と呼んでいる。
③ 本膳料理	本膳，二の膳，三の膳までそろえられ，膳で運ばれる正式の日本料理。 一汁三菜，一汁五菜などいろいろな形式がある（伝統的な日本料理）。
④ 精進料理	肉や魚を使わない野菜を主体とした料理。
⑤ 普茶料理	中国式の精進料理。 大皿に盛って出され，各人取り分けて食べる。
⑥ 卓袱（しっぽく）料理	中国料理の日本化したもの。 長崎地方から流行し始めた料理。

3　弔事のマナー

弔事は慶事とは異なり，前もって準備することが難しく，予期することができません。突然訪れるものですが，あわてずに対応し，礼を尽くすよう努力しなければなりません。その際，宗教などにより形式が異なりますので，注意が必要です。

3-1. 訃報*38を受けたとき

次のことを関係者や新聞などから確認し，上司や関係者に伝えます。

① 逝去の日時，死因

② 通夜の日時，場所

③ 葬儀の日時，場所，形式

④ 喪主の氏名，住所，電話番号，故人との関係

*38　逝去の知らせのこと。

3-2. 弔事の流れ

① 弔　問	故人と関係が深かった場合は，なるべく早めにお悔やみに行くこともある。
② 通　夜	通常亡くなられた日，葬儀の前夜に遺族や近親者によって行われる。午後6時〜7時頃始まり，遺族や親族以外は読経が始まる前に参列し，焼香が済むと退去する。遺族や親族は線香を絶やさず，ご遺体と一夜を過ごす。
③ 葬　儀 ④ 告別式	葬儀は，遺族・親族で亡くなった人の冥福を祈る儀式。告別式は，生前故人が付き合いのあった知人や関係者が，亡くなった人に別れを告げる儀式。通常は一緒に行われ，葬式という。故人と特に親しかった人々だけで，内々に行うことを密葬という。また，告別式において読み上げられる弔意を表した文章を弔辞という。
⑤ 火　葬	火葬場へ向かうのは，遺族，親族などの身内ごく親しい間柄だけというのが一般的である。
⑥ 精進落とし	寺や料亭で，葬儀のときにお世話になった人に対して，酒食のもてなしをする。
⑦ 忌明け	忌の期間が終わること。35日か49日に忌明けの法要を営む。香典をいただいた方にお返しをする。香典返し*39といい，通常「半返し」といわれ，いただいた香典の半額ぐらいの品物をおくる。最近では，「即日返し」といって，葬儀当日に香典返しをすることが一般的である。
⑧ 法　要	故人の冥福を祈る儀式。亡くなってから1年後の一周忌，その翌年の三回忌，満6年目の七回忌。以下，3と7のつく年に行われる。

*39　掛け紙は，黒白や双銀の水引が印刷されたものを使用し，上書きは薄墨で書きます。

3-3. 宗教による違い

［焼香の仕方］

① 焼香の番がきたら霊前に進んで，遺族と僧侶に一礼する。

② 遺影を見た後，祭壇まで進み，一礼，合掌する。

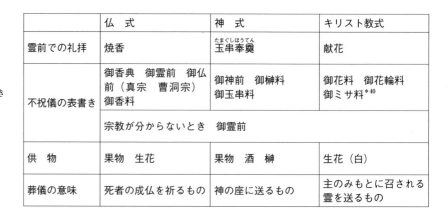

	仏　式	神　式	キリスト教式
霊前での礼拝	焼香	玉串奉奠	献花
不祝儀の表書き	御香典　御霊前　御仏前（真宗　曹洞宗）御香料	御神前　御榊料御玉串料	御花料　御花輪料御ミサ料*40
	宗教が分からないとき　御霊前		
供　物	果物　生花	果物　酒　榊	生花（白）
葬儀の意味	死者の成仏を祈るもの	神の座に送るもの	主のみもとに召される霊を送るもの

*40 カトリックの場合の表書きのこと。

③ 焼香台の前に進み，焼香する（香をつまんで静かに炉に落とす，3回もしくは1回）

④ 最後に合掌して前向きのまま少し下がり，僧侶と遺族に一礼して戻る。

［玉串奉奠の仕方］

① 枝のほうを右手で上から持ち，左手で葉のほうを下から支えるようにして，神官から玉串を受ける。

② 玉串案の2～3歩手前で玉串を軽くいただき，神前に一礼する。根本を神前に向けるように回し，玉串案に供える

③ このあと，神前に向かって二礼二拍手一礼するが，このときは，忍び手といって音はたてない。神官と遺族に一礼して戻る。

［献花の仕方］

① 係から渡される花を，花が右にくるように受け取り，そのまま棺の前に進み，一礼する。

② 花を手前のほうに向けて献花台に静かに捧げる。

③ 2～3歩下がって，手を胸の前で合わせ黙とうする。牧師と遺族に一礼して戻る。

［葬儀の手伝いを頼まれたら］

　必要があれば，受付など家族の方の指示に従って，葬儀の手伝いをすることもあります。受付の仕事は下記のとおりです。受付係であることが一目で分かるように，黒のリボンや喪章（黒の腕章）をつけることもあります。

① お悔みの言葉を受ける

　「このたびはご愁傷さまでございます」と声をかけられたら，「恐れ入ります」と述べます。

② 手回り品を預かる。

③ 会葬者名簿へ記帳してもらう。

「こちらにご記帳をお願いいたします」といって，名簿と筆記具を差し
出します。

④ 名刺を拝受する。

⑤ 香典，供物を受け付ける。

「御霊前にお供えください」と香典を渡されたら，「恐れ入ります」「お預
かりいたします」などといって，両手で受け取ります。「どうぞお参りくだ
さいませ」といって，式場に案内します。

［上司などの代理で参列するとき］

上司の代理として列席するときは，上司の名刺の名前の下に「代」と書き
入れた名刺を持参します。「このたびは，まことにご愁傷様でございます」
「心からお悔やみ申し上げます」などの口上をいいます。会葬者名簿には，
上司の名前を書き，左下に「代」と書き添えて，「ご霊前にお供えください」
といって，香典を出します。上司への報告の必要があるからといって，受付
で詳しい死因を聞いたりするのはマナー違反です。また，喪主に対して代理
出席である旨を伝える必要もありません。

遠方などで参列できないときは，「ご逝去を悼み，謹んでお悔やみ申し上
げます」などの弔電を打ち，お悔やみ状と香典[*41]を現金書留で送ります。

*41　香典は，不祝儀袋に入れ，
お悔やみ状とともに，現金書留で
郵送します。

3-4. 弔事の服装

［**男性**］

• 通夜の服装[*42]は，ダークスーツに黒のネクタイ，仕事などで間に合わな
い場合は，白のワイシャツにネクタイをします。靴や靴下も黒に統一しま
す。

• 葬儀・告別式の服装は，男性はモーニング[*43]が正式喪服となりますが，
一般会葬者は，黒のスーツかダークスーツ[*44]を着用します。ワイシャツ
は白，ネクタイ，靴，靴下は黒にします。派手な時計やアクセサリーはし
ません。

［**女性**］

• 通夜のときは，黒，濃紺やグレーなどの洋服にします。靴やストッキング，
ハンドバッグは黒とし，光沢のないものにします。アクセサリーは外しま
す。

• 葬儀・告別式のときの服装は，喪服である黒のワンピースかスーツにし，
黒のストッキング，黒の靴にします。このとき，一連の真珠[*45]のネック

*42　通夜のときには，喪服で行
くと亡くなることを予期していた
ようにとられるので，喪服を着な
いこともあります。

*43　モーニングは，遺族，近親
者，社葬の場合の葬儀主催者側の
人や故人と深い付き合いのあった
人の服装です。

*44　一般会葬者の喪服（略礼
装）は，男性が黒のスーツもしく
はダークスーツ，女性は黒のワン
ピースやスーツです。夏季でもあ
まり肌の出ていないものを着用し
ます。

*45　真珠は海の涙ともいわれま
す。二連の真珠のネックレスはマ
ナー違反です。重ね重ねなどの弔
事における忌み言葉を連想させる
からです。

レスや結婚指輪以外のアクセサリーはつけません。化粧も控えめにし，アイシャドウや口紅も薄い自然な色にします。光る素材のものがよくないので，バッグや靴だけではなく，腕時計も地味なものにします。香水はつけず，マニキュアもしません。

4　贈答のマナー

慶事や弔事では，お金を包んだり，贈り物をしたりすることで心を伝えます。心のこもった贈り物は，お付き合いを深めます。贈答品を選ぶときは，相手，贈答の理由などについて考慮し，タイミングよくおくる必要があります。相手との関係の深さ，相手の年齢や好み，前例やしきたりを考えながら，祝い事，見舞いなどのケースに応じた贈答品を選びます。

［季節の贈答］

	贈る時期	表書き
お中元	6月20日頃〜7月15日頃（新盆） 7月20日頃〜8月15日頃（旧盆）	御中元　暑中御見舞（7月15日以降） 残暑御見舞（立秋の8月7日8日以降）
お歳暮	11月下旬〜12月20日頃	御歳暮
御年賀	1月1日〜7日まで	御年賀
寒中御見舞	1月7日以降	寒中御見舞

栄転や昇進は，正式に発表されてからお祝いします。また，定年退職をする方には，「大変お世話になりました」と感謝の気持ちを述べます。

祝儀袋や不祝儀袋，贈答の際ののし紙に書く表書きは次のようにします。

目　的	表書き	水引・封筒
結婚祝い	寿　御結婚御祝	紅白　金銀　結びきり
賀寿（古希など）	寿　祝古希	紅白　蝶結び
慶事一般（就職など）	御祝　御就職御祝	紅白　蝶結び
落成式	落成御祝　祝御竣工	紅白　蝶結び
病気見舞い	御見舞　祈御全快	白封筒　紅白　結びきり のしなし
火事・災害見舞い	御見舞 近火御見舞[47] 類焼御見舞[48]	白封筒
お礼一般	御礼　薄謝　謝礼　寸志[49]	白封筒　紅白　蝶結び
交通費の名目でのお礼	御車代	紅白　蝶結び
栄転のお祝い	御祝　御餞別　栄転御祝 祝御栄転	紅白　蝶結び
餞別	御餞別	紅白　蝶結び
結婚式の引き出物	寿	紅白　金銀　結びきり
慶事当人からのお返し	内祝	紅白　蝶結び

*47　近所の出火への見舞い
*48　類焼した見舞い
*49　目下の人へのお礼

病気回復のお返し	内祝　快気祝　全快祝	紅白　結びきり
忌明け・香典返し	志　忌明	白封筒
僧侶へのお礼	御布施	

　慶事の祝儀袋の水引には2種類があり，結びきりには，二度と繰り返すことがないように，蝶結びには，喜び事が何度も繰り返されるようにという意味が込められています。

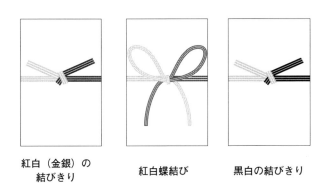

紅白（金銀）の　　　　紅白蝶結び　　　　黒白の結びきり
結びきり

　お金を包むときには，中包みの中央に金額を書き，裏左端に住所と氏名を書き入れます。表包みの裏の重ね方は，祝儀袋の場合は，下を上にかぶせて上向きにし，不祝儀袋の場合は，上を下にかぶせて下向きにします[*50]。

　表書きは，上下に余白を取り，バランスよく書きます。このとき，慶事は濃墨で，弔事は薄墨で書きます。送り主が複数で連名にするときは，目上の者から順に右から左に書きます。ただし，表書きにあて名を書くときは，左上に書き，送り主が複数の場合は，目上の者から左から右に順に書きます。また，祝儀袋や不祝儀袋は，ふくさに包んで持参します。

[*50]　祝儀袋の場合は，喜びの上向き，不祝儀袋の場合は，悲しみの下向きと覚えるとよいでしょう。

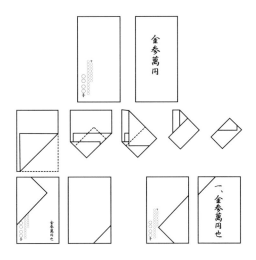

[上書きの書き方]

① 先輩（山田花子）に総務部全員で御餞別を送る場合

② 先輩（鈴木洋子）と自分（松本恵）が贈る場合

③ 先輩（山田花子）に先輩（鈴木洋子）と自分（松本恵）が贈る場合

5　見舞いのマナー

　病気見舞いは，病人や家族の身になった思いやりの気持ちが大切であり，相手の状況を察してから行動に移すようにしましょう。入院している人を見舞う際の注意点は，次のとおりです。

［見舞いのマナー］
　① 見舞ってもよい状態か，病人の容体を確認する。
　② 手術の直前・直後は避ける。
　③ 決められた面会時間内に見舞う。
　④ 病人に負担をかけないように長居をしない[*51]。
　⑤ 見舞い品は，病気や病状を考慮して慎重に選ぶ。

*51　元気なときでも30分，寝たきりの場合は15分ぐらいで済ますようにします。

・お金の場合は，一重の白封筒や祝儀袋（紅白，結びきりの水引で，のしなし）に入れる。
・品物で花を贈る場合は，花瓶の不要なオアシスにさしたフラワーアレンジメントなどがよい。
・贈らないほうがよい花は，鉢植え（根つく・寝つく），つばき（花首がポロリと落ちる），ケシ（散りやすい），シクラメン（死・苦），アジサイ（色があせる），赤い花（血を想像する），白い花束（葬儀を連想させる）などがあり，香りのきついものや亜熱帯地方のものも避けた方がよい。

　また，個室でない場合は，ほかの入院患者への気配りも大切です。入退出の際は一声かけ，大きな声で会話をしないように注意します。面会自体が相手に負担をかけるようであれば，病室の外で付き添いの家族に見舞いの挨拶をし，見舞い品を渡して帰るほうがよいでしょう。

　災害の見舞いは，近くの場合は駆けつけて手伝いますが，遠方のときは，すぐに見舞いの電報を打ち，後ほど金一封を届けます。心からのいたわりと励ましの言葉をかけ，必要なものがあれば，届けるようにします。

6　食事のマナー

　食事の際は，お互いに気持ちよく食事を楽しむことができるように注意する必要があります。

6-1. 和食のマナー

⑴　箸の取り方
・右手で箸の中央を持ち上げる。
・左手で下から支えるようにし，右手は右へすべらせる。

- 右手を返して，左手をはなし右端から３分の１くらいの部分を持つ。
- 右手で正しく持つ。
- 置き方はこの逆で行う。

⑵　割り箸の割り方

　割り箸は両手で持ち，箸を横に寝かせて静かに上下に力を入れて割ります。縦に持って，左右に割るのはやめましょう。割った後に，箸をこすり合わせて，ささくれを取る人がいますが，品のない印象になるので，ささくれは手で取りましょう。

- 箸先を左側にして横に寝かせてから，上下に割る。
- 箸先を上にして左右に割るのは，見た目にもよくないので厳禁。
- 割った後，こすり合わせてささくれを取るのも NG。

⑶　箸の使い方

　箸の先端から1.5センチ位を使うようにする。

［箸使いのタブー］

探り箸	器の中のものをかきまわして中身を探る
つき箸・刺し箸	器の中のものを箸で突き刺して取る
さし箸	箸で人や物を指し示す
ねぶり箸	箸の先をなめる
涙箸	箸の先から汁をたらす
移り箸	ひとつのものを取りかけて，違うものを取る
迷い箸	箸が料理の上を行ったり来たりする
寄せ箸	箸を器に入れて引き寄せる
かき箸	茶碗のふちに口をつけてかき込む
横箸	箸でスプーンのように食べ物をすくう
なめ箸	何もはさんでいない箸先を口に入れたり，なめる
渡し箸	食事中や食後に箸を器の上に渡しておく
拾い箸	箸と箸とで料理を渡し合う
押し込み箸	料理を口にほおばり，箸で押し込もうとする

6-2. 洋食のマナー

［ナプキンの使い方］

- ２つに折りたたんで，輪になるほうを自分に向けて，膝の上に置く。
- 指先や口を軽くぬぐう程度に使う。
- ナプキンで顔や頭はふかない。
- 中座するときは，軽くたたんで，イスの上に置く。
- 退席するときは，同様にしてテーブルの左右いずれかに置く。

［ナイフとフォークの使い方］

- 正式なディナーの場合，ナイフやフォークは10本以上あるが，並べてある外側から順に使っていけばよい。
- 魚，肉など料理によって使い分ける。
- フォークは左手で先を下に，ナイフは右手で人差し指を下に向けて持つ。
- ナイフは右手，フォークは左手で使うのが基本だが，フォークを右手に持ち替えて，刺したりすくったりして食べてもよい。
- オードブルなど力を入れてなくも切れるものは，鉛筆のように持ってもOK。
- 食べている途中で置くときは，八の字に置く。
- ナイフの刃は内向きに，フォークは下向きに置く。
- 使い終わったら，料理の皿の上に置いたままにしておく。
- 食べ終わったら，4時20分の位置にななめに並べて置くと食事が終わった合図となる。
- フランス式では横にそろえておく。イギリス式では6時30分の位置に縦にそろえる。

[ナイフレストの使い方]
- ナイフレスト（またはフォークレスト）は，和食の箸置きにあたるもの。
- 食事を1組のカトラリーで済ませる場合やオードブルが2〜3皿出る場合に用意される。
- 1皿済むたびに，ナイフは刃を内側に，フォークは背を下にしてそろえておく。

［食べ方］

• 一口で食べられる大きさに，その都度切ってから口に運ぶ。

• 料理は左側から一口ずつ切り分けて食べる。

• 口いっぱいにほおばったり，半分かみ切って，またお皿に戻さない。

• ナイフやフォークを落としたり，コップの水をこぼしたりしても，自分で
　後始末をせず，ウエイターにまかせる。

練習問題

本章のまとめとして，練習問題を解いて理解を深めましょう。

(1)　賀寿を書きなさい。

①　60歳（　　　　　　　　　　）　⑤　88歳（　　　　　　　　　　　　　）

②　70歳（　　　　　　　　　　）　⑥　90歳（　　　　　　　　　　　　　）

③　77歳（　　　　　　　　　　）　⑦　99歳（　　　　　　　　　　　　　）

④　80歳（　　　　　　　　　　）

(2)　慶弔時に金品を贈る際の表書きを書きなさい。

①　結婚祝い

（　　　　　　　　　　　　）（　　　　　　　　　　　　）

②　結婚式の引き出物

（　　　　　　　　　　　　）

③　喜寿の祝い

（　　　　　　　　　　）（　　　　　　　　　　）

④　入院の見舞い

（　　　　　　　　　　）（　　　　　　　　　　）

⑤　病気が全快してお見舞いを頂いた方へ

（　　　　　　　　　　）（　　　　　　　　　　）（　　　　　　　　　　）

⑥　引越しで世話になった部下へ

（　　　　　　　　　　）（　　　　　　　　　　）

（　　　　　　　　　　）（　　　　　　　　　　）

⑦　新社屋落成パーティに招かなかったが，お祝いを頂いた方へ

（　　　　　　　　　　）（　　　　　　　　　　）

⑧　昇進して転勤する方へ

（　　　　　　　　　　）（　　　　　　　　　　）（　　　　　　　　　　）

⑨　転勤や旅立ちに際して

（　　　　　　　　　　）

⑩　家を建てた方へ

（　　　　　　　　　　）（　　　　　　　　　　）

⑪　仏式の葬儀

（　　　　　　　　　　）（　　　　　　　　　　）（　　　　　　　　　　）

⑫　神式の葬儀

（　　　　　　　　　　）（　　　　　　　　　　）（　　　　　　　　　　）

⑬ キリスト教式の葬儀

(　　　　　　　　　　) (　　　　　　　　　　　　) (　　　　　　　　　　　　)

⑭ 宗教が分からない葬儀

(　　　　　　　　　　)

⑮ 不祝儀のお返し

(　　　　　　　　　　) (　　　　　　　　　　　　)

⑯ 僧侶へのお礼

(　　　　　　　　　　)

⑰ 交通費の名目でのお礼

(　　　　　　　　　　)

(3)　次は，上司の代理で告別式（仏式）に参列したときに行ったことである。
<u>不適当</u>なものを選びなさい。

① 洋服は黒色のワンピースにし，アクセサリーは真珠のネックレスで一
連のものにした。

② 不祝儀袋に「御霊前」と表書きし，会社名と上司の役職名・氏名を書
いて持参した。

③ 受付でふくさから香典を出して渡すとき，小声で「このたびはご愁傷
さまでした」といった。

④ 会葬者芳名録には上司の名前を書き，その横にＡ子の名前を並べて書
いて，その下に代理と書いた。

⑤ 顔見知りの取引先の人に会ったが，会釈だけをして焼香の順番を待っ
た。

⑥ 焼香のとき，焼香台の近くの遺族に，上司の代理であることを伝えて
から焼香した。

⑦ 葬儀の参列者が多かったので，焼香は一度した。

⑧ 参列者や告別式の状況を，帰社して上司に報告できるように観察し，
記憶にとどめた。

第13章 ビジネス文書

　本章では，ビジネス文書について学びます。文書といっても会社内でやりとりする社内文書や会社外に出す社外文書，おつきあいを深めるための社交文書などがあります。それぞれのポイントを学びましょう。

1　文書の基本

　ビジネスにおいて，取引をする際は，文書でないと相手にされません。電話でのやりとりだけでは，こちらの聞き間違いや相手の言い間違いなどが発生するからです。ビジネスには文書主義の原則という考え方があります。詳しく学んでいきましょう。

1-1. 文書主義の原則

　文書で情報を伝達することによって，①正確に伝わる，②証拠として保存できる，③広範囲に多人数の人にほぼ同時に伝達することができる，という利点があります。これらを文書主義の原則といいます。文書は，ビジネス社会での情報伝達の重要な役目を担っているのです。

1-2. ビジネス文書の基本条件

① 正確な内容である。
② 分かりやすい表現で書く。
③ センテンスは短く，簡潔に要領よく。
④ 結論を先に，要点は箇条書きに。
⑤ 様式に従って書く。
⑥ 原則左横書きで作成する。

1-3. ビジネス文書で使われる表記・表現

　ビジネス文書では，正確な内容を伝えるために，誤字・脱字，内容の過不足などがないように注意しなければなりません。したがって，固有名詞以外は常用漢字を使用することを基本とした表記とします。横書きで作成する文書では，数字の表記は算用数字を原則としますが，次のような場合は漢数字を用います。

① 固有名詞（<u>九州</u>　<u>一郎</u>）

② 概数を表す語（二，三人　十数名）

③ 成語（第一印象　一応）

④ ひと，ふたなどと読む場合（一休み　お二方）

⑤ けたの大きい数の単位（1億人　3兆円）

1-4. ビジネス文書の種類

社内文書　同一社内間（本社と支社，営業所間や部門間）でやり取りする文書	
① 連絡・通知，報告，届出を目的とする	連絡文書，通知文書，報告書，届出書，申請書，回覧，願書，通達，指示書
② 起案，計画を目的とする	稟議書，起案書，伺い書，企画書
③ 記録を目的とする	記録書，議事録
社外文書　異なる会社，団体，個人とやり取りする文書	
① 連絡・通知，案内，報告，届出を目的とする	連絡文書，通知文書，案内書，報告書，申請書，願書，届出書
② 商取引を目的とする	注文書，照会状，納品書，請求書，領収書，督促状，苦情状，謝罪状，断り状
③ 社交を目的とする	挨拶状，礼状，祝い状，お悔やみ状，見舞状，紹介状

2　社内文書

　ビジネス文書を作成する場合，A4サイズの用紙を使用するのが一般的です。社内文書は次のように作成します。

2-1. 前付け

　文書番号は，通常，発信部課の略称を組み合わせて，一連番号として付けますが，軽易な文書や保存を必要としない文書にはつけません。

　発信日付は，年月日を表示します。

　受信者名と発信者名は，職名で書き表します。受信者には職名に敬称をつけ，例えば「営業部長様」と表示します。「部」や「課」あてのものには「御中」，同文書を多数あてに発信する場合は，「社員各位」とします。

2-2. 本　文

　標題（件名）は，本文の内容を簡潔に表したものです。（　）で通知，案内，依頼などの文書の目的を示す言葉を書き入れるとよりわかりやすくなります。

　主文は簡潔に表します。不特定多数に宛てる文書は「である体」，特定者にあてる文書は「です・ます体」を用います。日時や場所など，箇条書きで書けるところは，「記」書きにします。

2-3. 付　記

　追伸は，補足的な内容を書きます。「なお」で書き始めます。添付する書類があれば，文書名と部数を書きます。文書は「以上」で締めくくります。事務連絡などの担当者がいる場合は，担当者や内線番号を書きます。

［社内文書の基本スタイル］

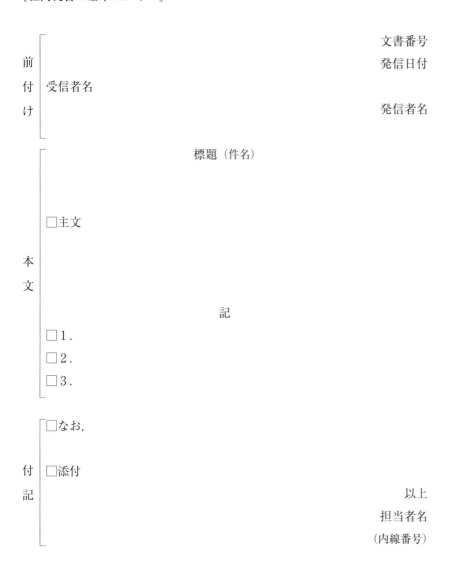

［社内文書の例］

総発○○ - 30号

令和○年○月○日

部長各位

総 務 部 長

部長連絡会開催について（通知）

部長連絡会を下記のとおり開催しますので，ご出席ください。

記

1．日　時　○月○日（○）9：30～10：30
2．場　所　第1会議室
3．議　題　○○制度の改正について

なお，出席できない場合は，代理を出席させてください。
添付　「○○制度の改正について」

以上

担当　総務部　山田

（内線101）

3　社外文書

社外文書では，簡潔に作成する社内文書とは異なり，礼儀正しく作成しなければなりません。

3-1. 前付け

社交文書では，発信日付を次のように書き表すことがあります。

① 年賀状　令和○年元旦

② 暑中見舞い　令和○年盛夏

③ 慶事の文書　令和○年○月吉日

受信者名と発信者名は，社名*52，職名，氏名を書きます。

*52　（株）などのように略さず，株式会社と表記します。（有）は有限会社，（財）は財団法人と書きます。

[あて名と敬称]

あて名	敬称	例
官公庁・会社などの団体や部署	御中	○○会社御中　○○大学学生部御中
職名	様　殿	営業部長様　総務部長殿
同文のものを多数に	各位	お得意様各位　株主各位
個人名（氏名），恩師	様　先生	山田花子様　佐藤一郎先生

3-2. 本　文

前文は，挨拶の部分です。したがって，お悔やみ状や見舞状，急を要する文書のときにはつけません。「拝啓」などの頭語で書き始め，1字あけて，時候の挨拶や先方の繁栄を祝福する挨拶などを書きます。

例　拝啓　陽春の候，貴社ますますご発展のこととお喜び申し上げます。

[頭語と結語]

	頭　語	結　語
一般的な場合	拝啓	敬具
丁寧な場合	謹啓	敬具　敬白　謹白　謹言
返信の場合	拝復	敬具
前文を略す場合	前略 冠省	草々 不一

[時候の挨拶]

新年	新春の候　初春の候	5月	新緑の候　薫風の候	10月	秋冷の候　錦秋の候
1月	厳寒の候　酷寒の候	6月	梅雨の候　麦秋の候	11月	晩秋の候　向寒の候
2月	余寒の候　晩冬の候	7月	盛夏の候　酷暑の候	12月	初冬の候　寒冷の候

3月	早春の候　浅春の候	8月	残暑の候　晩夏の候	歳末	歳末の候　歳晩の候
4月	陽春の候　春暖の候	9月	初秋の候　新涼の候		

相手の繁栄や健康を祝う言葉は，団体向けと個人向けとで区別します。

会社向け	ますますご発展（ご繁栄・ご隆盛・ご隆昌）のこととお喜び申し上げます
個人向け	ますますご健勝（ご清栄・ご清祥）のこととお喜び申し上げます

商取引の文書では，日頃の感謝を述べる場合があります。

　例　平素は格別のご高配を賜り，厚く御礼申し上げます。

主文は，用件を述べる部分です。前文のあと改行し，1字あけて「さて」で書き始めます。

　例　さて，このたびは，～

末文は，終わりの挨拶の部分です。行を改めて，1字あけて「まずは」で書き始めます。最後には，「敬語」などの結語で文書を締めくくります。

　例　まずは，略儀ながら書中をもって御礼申し上げます。敬具

今後の愛顧を願う挨拶	何卒ご用命を賜りたくお願い申し上げます。 今後ともお引き立てのほどよろしくお願い申し上げます。
要旨をまとめる挨拶	まずは，ご挨拶かたがた御礼申し上げます。
自愛，発展を願う挨拶	寒さの折から，ご自愛のほどお祈り申し上げます。 末筆ながら，貴社のご発展をお祈り申し上げます。
返信の請求を願う挨拶	恐縮ながら，折り返しご返事を賜りたくお願い申し上げます。

3-3. 付　記

ここでは本文に書きもらしたこと，また，本文に書くと冗長になる事柄を加える場合や同封物などを記します。また，発信者とは別に直接の担当者がいる場合は，担当者と連絡先を書き添えます。

［社外文書の基本スタイル］

　　　　　　　　　　　　　　　　　　　　　　　　文書番号 ┐
　　　　　　　　　　　　　　　　　　　　　　　　発信日付 │ 前
　　　　　　　　　　　　　　　　　　　　　　　　　　　　 │ 付
受信者名（社名）　　　　　　　　　　　　　　　　　　　　 │ け
（職名・氏名・敬称）　　　　　　　　　　　　　　発信者名（社名）
　　　　　　　　　　　　　　　　　　　　　　　（職名・氏名）㊞ ┘

　　　　　　　　　　標　題（件名）　　　　　　　　　　　┐

頭語　前文　　　　　　　　　　　　　　　　　　　　　　 │
□さて，　　　　　　　　　　　　　　　　　　　　　主文　│

□つきましては，　　　　　　　　　　　　　　　　　　　 │ 本
　　　　　　　　　　　　　　　　　　　　　　　　　　　 │ 文
□まずは，　　　　　　　　　　　　　　　　　　末文　　 │

　　　　　　　　　　　　　　　　　　　　　　　結語　　 │

　　　　　　　　　　　記　　　　　　　　　　　　　　　 │

□1.　　　　　　　　　　　　　　　　　　　　　　　　　 │
□2.　　　　　　　　　　　　　　　　　　　　　　　　　 │
□3.　　　　　　　　　　　　　　　　　　　　　　　　　 ┘

□なお，　　　　　　　　　　　　　　　　　　　　追伸　┐
　　　　　　　　　　　　　　　　　　　　　　　　　　　│ 付
□同封物　　　　　　　　　　　　　　　　　　　　　　　│ 記
　　　　　　　　　　　　　　　　　　　　　　　以上　　│
　　　　　　　　　　　　　　　　　　　　　　　担当者名 │
　　　　　　　　　　　　　　　　　　　　　　（連絡先） ┘

［社外文書の例］

総発○○－10号

令和○年4月1日

日本株式会社

営業部長　田中一郎様

第一商事株式会社

営業部長　山田　孝

新商品説明会開催のご案内

拝啓　○○の候，貴社ますますご発展のこととお喜び申し上げます。平素は格別のご愛顧を賜り，厚く御礼申し上げます。

　さて，このたび弊社では新商品Yシリーズが完成いたしました。

　つきましては，商品説明会を下記のとおり開催いたしますので，ご出席いただきたく，ご案内申し上げます。

敬具

記

1．日時　令和○年○月○日（月）10：00〜11：00
2．場所　○×ホテル5階　鳳凰の間

以上

担当　総務部　佐藤太郎

（℡ 03-1234-5678）

3-4. 社外文書の敬語表現

[尊敬表現と謙譲表現]

	相手側	自分側
会社	貴社　御社	当社　弊社
家族	ご一同様	私ども　家族一同
父	お父様　ご尊父様	父
母	お母様　ご母堂様	母
夫	ご主人様	夫　主人
妻	ご令室様　奥様	妻　家内
息子	ご子息様　ご令息様	息子
娘	ご息女様　お嬢様　ご令嬢様	娘
氏名	ご芳名	氏名　名
手紙	貴書　ご書状	手紙　書面
品物	結構なお品　佳品	粗品　寸志
住宅	貴宅　貴邸	当方　小宅　拙宅
意見	ご意見　ご高見　貴見　貴意	私見　愚見　愚考
配慮	ご配慮　ご高配　ご芳情	微意　微思
宴会	ご盛宴	小宴　粗宴

[ビジネス文書で使われる慣用語句]

慣用語句	意味・使い方	例
時下	このごろ	拝啓　時下　ますますご健勝のことと～
過日	先日	過日，着任いたしました。
平素は	いつも	平素は格別のご高配を賜り，厚く御礼申し上げます。
ご高配	相手から受けた配慮	
ご査収	調べて受け取る	資料を同封いたしましたので，ご査収ください。
ご笑納	気楽に受け取って	心ばかりの品ですが，ご笑納いただければ幸いに存じます。
略儀ながら	略式ですが	まずは，略儀ながら書中をもってご挨拶申し上げます。
書中をもって	手紙で	
万障お繰り合わせの上	何とか都合をつけて	万障お繰り合わせの上，ご臨席賜りますようお願い申し上げます。
ご臨席・ご来臨	出席	
倍旧の・旧に倍する	これまで以上に	倍旧のご支援をお願い申し上げます。
他事ながら	あなたには関係ないことですが	他事ながらご放念くださいますようお願い申し上げます。
ご放念・ご休心	気にかけないでください	
ご恵贈	お贈りいただき	結構なお品をご恵贈くださいまして～
ご引見	面会してください	ご引見のほど，よろしくお願い申し上げます。
時節柄	季節が季節だけに	時節柄，ご自愛のほど，お祈り申し上げます。
ご自愛	身体を大切にする	

末筆ながら	最後になりましたが	末筆ながら，ご健勝をお祈り申し上げます。

4　社交文書

　おつきあいを深めるための社交文書には，挨拶状や祝い状，見舞い状やお悔やみ状などがあります。それぞれのポイントを学びましょう。

4-1. 社交文書の種類

⑴　挨拶状

　暑中見舞いや年賀状などの季節の挨拶のほか，役職者の異動の際の儀礼的なものや開業，移転，組織改正などの通知的なものがあります。

［役員交代の挨拶状］

・通常は前任者，後任者をならべて書く。

・格式を重んじる文書では，筆書きのなごりから句読点をつけない場合もある。

⑵　礼状

　時機を失わずタイミングよく作成することが重要です。表現は，好意の程度に応じたものにするのがよいでしょう。

［出張でお世話になった礼状の文例］

　拝啓　○○の候，貴社ますますご繁栄のこととお喜び申し上げます。

　さて，先日の貴地出張に際しまして，ご多忙中にもかかわりませず，いろいろとご高配を賜り，厚く御礼申し上げます。お陰さまで初期の目的を達することができたばかりでなく，思いがけないおもてなしにあずかり，誠にありがとうございました。

　貴社の一層のご発展をお祈りいたすとともに，当社に対し，今後とも変わらぬご支援を賜りますようお願い申し上げます。

　まずは，取り急ぎ書中をもって御礼申し上げます。

　　　　　　　　　　　　　　　　　　　　　　　　　　　　　敬具

⑶　慶弔状

　結婚，新築，開業などの際の祝い状と弔事の際のお悔やみ状があります。慶弔の情報を確認後，なるべく早く出します。忌み言葉に注意しながら，相手の身になって作成しましょう。お悔やみ状では，頭語，前文を省きます。

［栄転の祝い状の文例］

　拝啓　○○の候，ますますご清栄のこととお喜び申し上げます。
　さて，このたびは本社取締役総務部長にご栄転なさいました由，誠におめでとうございます。
　北九州支店ご在勤中は，一方ならぬご厚情を賜り，厚く御礼申し上げます。今後もご指導くださいますようお願い申し上げます。
　新任地におかれましても，一層ご自愛の上，ご活躍くださいますよう心よりお祈り申し上げます。
　まずは，略儀ながら書中をもってお祝い申し上げます。

敬具

［お悔やみ状の文例］

　貴社社長　○○○○様には，長いご療養のかいもなく，昨日ご逝去とのお知らせに一同，驚き入っております。
　謹んでご逝去を悼み，ご冥福をお祈り申し上げます。
　ご生前中には，ご懇意にさせていただきましたにもかかわらず，何のお報いもできませず，心残りでございます。
　ご遺族様をはじめ，社内ご一同様のお嘆きもいかばかりかとお察しいたします。心よりお悔やみ申し上げます。
　なお，同封いたしましたもの，誠に軽少ではございますが，ご霊前にお供えくださいますよう，お願い申し上げます。

⑷　見舞い状

　病気見舞いや災害見舞い，家事見舞いなどがあります。事実確認の後，なるべく早く出します。取り急ぎ，お見舞いをするという気持ちから頭語，前文を省きます。

［見舞い状の文例］

　承りますれば，交通事故で入院なさった由，本日，貴社へお電話いたしました際にお聞きし，大変驚きました。

　その後のご経過は，いかがでしょうか。ご案じいたしております。十分にご加療の上，一日も早くご退院なさいますよう，心からお祈り申し上げます。

　早速，お見舞いに伺いたいところではございますが，遠方のため，書中をもってお見舞い申し上げます。

　なお，何がお好きか分かりかねますので，失礼とは存じますが，お見舞いを同封いたしました。

⑸　紹介状

　人を紹介する場合，文書を作成します。その際，封をしないで被紹介者に渡すか，文面を被紹介者に見せた後に封をします。さらに，紹介先に電話で連絡を入れておきます。友人や目下の人に紹介する場合は，名刺に紹介の文面を記入・押印して紹介状に代えることがあります。

［紹介状の文例］

名刺

　拝啓　　○○の候，ますますご清祥のこととお喜び申し上げます。

　さて，突然ではございますが，○○○○氏をご紹介申し上げます。

　同氏は，弊社の有力な取引先である○○株式会社の副社長で，○○経済会の商工部長をつとめていらっしゃいます。

　貴社の新製品について，特別の興味をお持ちとのことでございますので，ご紹介いたす次第でございます。

　ご多忙中とは存じますが，よろしくご引見くださいますようお願い申し上げます。

敬具

4-2.　封筒の書き方

　社外文書や社交文書を発信するときの封筒の書き方は次のようにします。縦書きの場合は，あて名の氏名・敬称がほぼ中央にくるように，所在地・住所を右に書きます。切手は左上に張ります。横書きの場合は，切手を右上に張ります。

封筒の書き方

5　文書の受信

会社あて，上司あての文書を受け取ったら，次の要領で処理します。

(1)　開封しないで上司に渡すものと，開封して処理するものに分ける[*53]

開封しないもの	書留，簡易書留，現金書留，秘文書，「親展」の表示があるもの，私信
開封するもの	通常郵便，速達，ダイレクトメール（DM）

*53　公信か私信か迷ったときは，私信とみなして，開封しません。

　書留，簡易書留，現金書留などで届いた重要な文書は「文書受発信簿」に記録します。

［文書受発信簿］

受信月日		発信日付		種類	受発信先	印	備考
4	15			現金書留	○○○○㈱総務部山田様		
		4	17	簡易書留	○○○○㈱営業部佐藤様		

(2)　開封したものを処理する

① 開封したら，内容に目を通し，重要なものや急を要するもの，そうでないものに分けます。重要なものや急を要するものから先に処理します。同封物の表示があるときは，同封物の内容，枚数などを確認します。請求書などは，金額の確認をします。

② 会議の通知などスケジュールに関するものは，スケジュール表と照らし合わせ，上司が出席できる状況にあるかどうかを確認して，上司に報告できるようにします。

③ 文書の要点をメモにし，日時や場所などのポイントとなるところは，アンダーラインを引いてわかりやすく工夫します。

④ 来信がこちらから発信した文書の返事の場合は，発信した文書の控えを来信文書に添えます。

⑤ ダイレクトメール（DM）類は，上司に見せる必要のないものや不要なものは捨てます。他部署が処理するほうがよい場合は，他部署へ回します。

⑥ 封筒と文書を重ね，ゼムクリップでとめます。

(3) 以上の処理を終えたら，重要なもの，急を要するものを上にして，上司に渡す

6　文書の発信

文書の内容，誤字，脱字のないことを確認し，発信します。必要があれば控えをとっておきます。社内文書を他部署等に届けるときは，重要な文書は封筒に入れて封をし，「文書受け渡し簿」に記入し，文書を渡した際に受取印をもらいます。

［文書受け渡し簿］

月	日	文　書　名	あ　て　先	印
4	8	4/15　取締役会資料	山下取締役	

社外文書は封入し，必要があれば，直接名あて人に開封してもらいたいときの「親展」，「請求書在中」などの外わきづけや内容表示語を書きます。あて名や郵便番号などを正確に書き，のりで封をします。切手は正確な料金を確認して，曲がらないようにして張ります。重要な文書は，「文書受発信簿」に記録を残します。

7　秘文書の取り扱い

　会社には，新製品の開発案などのように，機密内容を記録した文書があります。これらは決して関係者以外に情報がもれることのないように取り扱いの際は，細心の注意を払う必要があります。

社外へ発信するとき	・中が透けない封筒に入れ，「秘」の印を押し，それをまた別の封筒に入れる。 ・「親展」のわきづけをする。 ・「書留」で送る。 ・受信者に電話連絡をしておく。
社内で受け渡すとき	・持ち歩くときは，秘文書だとわからないように封筒に入れる。 ・「文書受け渡し簿」に記入し，渡すときは受取印をもらう。
配布するとき	・一連番号をふり，誰に渡したのかを分かるようにしておく。
人が近づいてきたとき	・さりげなく裏返す。
席を立つとき	・引き出しの中にしまう。
複写・印刷するとき	・上司の許可を得て，必要枚数のみ印刷する。 ・複写ミス，印刷ミスが出たら，シュレッダーで処理する。 ・複写機から原本を忘れないように持ち帰る。
ファイルするとき	・一般文書とは別に鍵のかかるキャビネットに保管する。
貸し出すとき	・上司の許可を受け，貸し出したことを記録する。 ・期日までに返却してもらうように注意を払う。
廃棄するとき	・シュレッダーで処理するか，大量の場合は焼却処理をする。

練習問題

本章のまとめとして，練習問題を解いて理解を深めましょう。

(1) 次の宛名につける敬称を答えなさい。

① 大学時代の恩師に：○×大学　山田一郎（　　　　）

② 同じ会社の総務部長に：総務部長（　　　　）

③ 取引先の総務部長に：日本株式会社　総務部長　佐藤太郎（　　　　）

④ 取引先の営業部に：株式会社東京商事　営業部（　　　　）

⑤ 社員全員に：社員（　　　　）

(2) 次は創立記念式典の招待状である。（　　　）内の言葉を文書の慣用語句などを用いて文章を完成させなさい。

謹啓　（①7月の季節のあいさつ）（②先方の会社）ますますご発展のこととお喜び申し上げます。平素は格別の（③配慮）を賜り，厚く御礼申し上げます。

　さて，このたび（④自分の会社）は創立50周年を迎えることとなりました。これもひとえに，みなさまの温かいご支援の賜物と深く感謝いたしております。

　（⑤それで），下記のとおり（⑥ささやかな宴会）を催したいと存じておりますので，（⑦忙しい）ところ，誠に恐縮ではございますが，（⑧いろいろと支障もあることでしょうが都合をつけて），（⑨出席）を賜りますようお願い申し上げます。

　まずは，取り急ぎ書中をもってご案内申し上げます。

（⑩ 結語）

①	②	③
④	⑤	⑥
⑦	⑧	⑨
⑩		

(3)　次は着任の挨拶状の草稿である。下線部分は原文のままにして，体裁の
　　整った挨拶状を横書きで全文書きなさい。

拝啓　陽春の候，そちらの会社がますます発展していることを喜んでいます。
　さて，私こと，このたび，事務部長を命じられ，過日着任いたしました。
昨今の業界を取り巻く情勢は，まことに厳しいものがございますが，微力な
がら新任務に専念するつもりです。前任者と同じに，指導と厚情を頂けるよ
うお願いします。
　略式ですが手紙で挨拶を述べます。
　　　　　　　　　　　　　　　　　　　　　　　　　　　　　　　敬具

(4) 次の内容を盛り込んだ社内文書を作成しなさい。

文書番号　営業発第○-78号

発信日付　令和○年10月3日

受信者名　営業課長達

発信者名　営業部長　大下　一郎

内　　容　10月10日（火）14：00〜16：00に，第2会議室（8階）におい
　　　　　て，営業企画会議を催すこと。議題は上半期の営業成績の報告，
　　　　　下半期の販売割当，その他である。なお，資料は席上で配布す
　　　　　る。

担 当 者　営業本部　○○（内線678）

(5)　次の「　　　」内は，山本花子が上司（営業部長）から取引先との懇親
　　会の案内状を書くよう指示され，メモしたことである。このメモに基づい
　　て体裁の整った案内状を横書きで書きなさい。（頭語から始めること）

　「お元気なことと思います。ところで，今回はいつも世話になっているそ
ちらの会社の担当の人たちと親睦を図り，意見を交換する会を下記のように
企画しました。ついては忙しいところ恐縮ですが，どうぞ出席してくれるよ
うご案内します。内容は日時が令和〇年11月20日（水）17：30〜20：00，場
所はニュースカイホテル18階スカイレストラン。出欠は担当者まで電話で。
なお，担当は営業部山本　03-〇〇〇〇-〇〇〇〇（直通）」

⑹　通知文を作る－電話番号の変更

　　あなたの会社は電話番号が変わることになり，その通知文を社外に発送することになった。次の項目を入れ込んで，通知文を作りなさい。

文書番号　総発○○-10号

日　　付　令和○年4月1日

受信者名　（株）青十字薬局総務部

発信者名　東京銀行（株）総務部

変 更 日　令和○年4月15日（火）から

新電話番号　03-3111-2222（代）

担　　当　総務部　○○○○　電話03-3111-2222（4月14日までは03-3222-4444）

(7)　社交文書（あいさつ状）を作成する－就任のあいさつ

　あなたが所属している部署の部長が定期人事異動で代わり，あなたは新任の部長にあいさつ状を作成するように指示された。以下の項目を盛り込んで，あいさつ状を縦書きで作成しなさい。

発信日付　令和○年10月○日

発信者名　（株）青十字薬局　総務部長　坂口達也

内　　　容

・定期人事異動によって三宅圭史（前総務部長）の後任として，私（坂口）
　が総務部長に就任したこと。

・微力だが，期待に沿うよう一生懸命努力したいと思うこと。

・前任者同様の指導，支援をしてほしいこと。

参考文献

青木テル（2006）『ビジネスマナー』早稲田教育出版。

青島祐子（1994）『女性のキャリア戦略』学文社。

青島祐子（2002）『女性のキャリアデザイン』学文社。

浅岡柚美編著（2005）『改訂版 秘書検定　Perfect Master』イグレック パブリケーションズ。

浅倉むつ子（1999）『均等法の新世界』有斐閣。

石田敏和（1989）「秘書業務の実態調査報告」『福島女子短期大学研究紀要』。

井上昭正（1988）『女性のためのキャリア開発』日本生産性本部。

井原伸允（1987）「女性秘書の職務分担についてその限界」『香蘭女子短期大学研究紀要』第29号。

井原伸允・佐古俊郎・小山ムツコ（1989）「女性秘書業務とその限界について」『香蘭女子短期大学研究紀要』第31号。

井原伸允・杉浦允（1995）『秘書概説』学文社。

井原伸允・杉浦允（1989）『企業秘書概論』学文社。

大友達也・徳永彩子（2010）「秘書学からみた医療秘書とは―医療系事務職の位置づけに関する考察―」『医療福祉研究』第4号。

荊木美行・小花和尚子・森本敦司（1997）『秘書学入門』燃焼社。

梅津祐良（2001）『コンピテンシー企業改革』東洋経済新報社。

占部都美（2003）『経営学入門』中央経済社。

ヴォルフラム・エーバーハルト著，大室幹雄・松平いを子訳（1991）『中国文明史』筑摩書房。

大沢真知子（1993）『経済変化と女子労働』日本経済評論社。

奥喜久男（1994）『秘書学概説』東京法令出版。

勝田忠雄・原田修・原田昌起（2002）『秘書室』日本能率協会マネジメントセンター。

金井壽宏（2002）『仕事で「一皮むける」』光文社。

金井壽宏（2003）『働くひとのためのキャリア・デザイン』PHP研究所。

金井壽宏（2004）『キャリア・デザイン・ガイド』白桃書房。

金谷千慧子（2003）『企業を変える女性のキャリア・マネージメント』中央大学出版部。

関西経済連合会人材育成委員会（2001）「豊かなキャリア形成へのメッセージ：経営幹部へのインタビュー調査を踏まえて：一皮むけた経験と教訓」関西経済連合会。

桐村晋次（2005）『人材育成の進め方』日本経済新聞社。

久保桂子（2004）「女性のライフコースとキャリア形成―女性起業家の事例研究から―」『戸板女子短期大学研究年報』。

厚生労働省（2002）『「キャリア形成を支援する労働市場政策研究会」報告書』。

合谷美江（1998）『女性のキャリア開発とメンタリング』文眞社。

佐々木武夫（2003）『脱工業化社会と職業意識』恒星社厚生閣。

佐藤綾子（2011）『自分をどう表現するか　パフォーマンス学入門』講談社。

佐藤正忠（1985）『秘書心得帳』経済界。

佐野陽子・川喜多喬（1993）『ホワイトカラーのキャリア管理』中央経済社。

実務技能検定協会（1989）『必須ライン3級』早稲田教育出版。

実務技能検定協会（1999）『秘書検定試験〈完全独習〉準1級』早稲田教育出版。

実務技能検定協会（2005）『秘書検定試験2級実問題集』早稲田教育出版。

篠塚英子（2004）『女性リーダーのキャリア形成』勁草書房。

白石弘幸（1990）『秘書の機能』学文社。

生活設計白書（2003）『働く女性のキャリアデザイン　生活設計白書2003年度版』明治生命フィナンシュアランス研究所。

全国大学・短期大学実務教育協会編（1997）『秘書学概論』紀伊國屋書店。

総務庁統計局統計基準部（1998）『平成９年12月改訂日本標準職業分類』全国統計協会連合会。

高橋俊介（2000）『キャリアショック』東洋経済新報社。

高橋俊介（2003）『キャリア論』東洋経済新報社。

武田秀子・岡田小夜子（2006）『秘書・オフィス実務テキストワークブック』早稲田教育出版。

田中篤子（1989）『秘書の理論と実践』法律文化社。

田中篤子（1995）『新・秘書英語』有斐閣。

田中篤子（2002）『秘書の理論と実践』法律文化社。

チャンドラー，A.D. 著　丸山惠也訳（1986）『アメリカ経営史』亜紀書房。

塚原昭人・木村三千世・田中雅子・黒田廣美（2001）『ビジネス実務論』学文社。

徳永彩子（2014）『医療秘書　ビジネスマナーの基本』キャリアカレッジジャパン

徳永彩子（2006）「ブレーン秘書の業務戦略と女性起業家のキャリア形成」西南学院大学大学院経営学研究科経営学専攻博士前期課程修士論文。

徳永彩子（2012）「秘書職能の史的考察—欧米と日本の比較研究—」『安田女子大学研究紀要』第40号。

徳永彩子（2014）「現代の秘書業務における特徴と傾向」『西南学院大学大学院経営学研究論集』第60号。

徳永彩子（2014）『医療秘書　ビジネスマナーの基本』キャリアカレッジジャパン。

徳永彩子（2015a）「ブレーン秘書とキャリア形成—エグゼクティブ・セクレタリーの三類型—」『秘書サービス接遇教育学会研究』第20号。

徳永彩子（2015b）「秘書のキャリア形成とその特徴」『日本ビジネス実務学会ビジネス実務論集』第33号。

徳永彩子（2015）「ブレーン秘書の３類型とキャリア形成」『九州共立大学研究紀要』第５巻第２号。

徳永彩子・大友達也（2010）「日本における秘書職能の史的考察」『安田女子大学研究紀要』第38号。

徳永彩子・大友達也（2014）「秘書業務の現代的特徴と課題—広島におけるアンケート調査結果から—」『九州共立大学研究紀要』第４巻第２号。

永井宏一（1997）『企業秘書総論』一の丸出版。

中川浩子（2009）「シャインの『キャリア・アンカー自己分析表』による女性へのインタビュー調査の限界と可能性」『東京女子大学紀要論集』第60号。

中村健壽（1997）「組織体における秘書の発展性に関する一考察」『静岡県立大学短期大学部研究紀要』第11巻１号。

中佐古勇編（1998）『ビジネス・秘書概論』嵯峨野書院。

中佐古勇編（1993）『考えて学ぶ秘書学』嵯峨野書院。

中原淳（2010）『職場学習論』東京大学出版会。

中原淳他（2012）『職場学習の探求』生産性出版。

夏目通利（1963）『秘書入門』実業之日本社。

西澤眞紀子（1997）『セクレタリアル・スタディーズ』白桃書房。

西澤眞紀子（1998）『エグゼクティブ・セクレタリー』白桃書房。

西澤眞紀子（2008）『オフィス・プロをめざす秘書のキャリア形成』中央経済社。

日本国際秘書学会（2003）『研究年報』第10号。

日本国際秘書学会（2005）「第14回研究大会個別報告要旨」。

日本秘書協会（2004）『バイリンガルオフィス実務 CBS（国際秘書）検定プライマ

リー試験対応』日本秘書協会 CBS 検定運営部。

日本秘書協会（2005）『CBS（国際秘書）検定ファイナル試験対策問題集』日本秘書協会 CBS 運営検定部。

一橋大学イノベーション研究センター（2003）『一橋ビジネスレビュー』東洋経済新報社。

平野光俊（1994）『キャリア・ディベロップメント』文眞社。

廣田傳一郎（1990）「秘書職務の職能分析—史的考察を中心にして—」『シオン短期大学研究紀要』第30号。

廣田傳一郎（1999）『秘書学概論』中央経済社。

福永弘之（2002）『エクセレント秘書学』樹村房。

藤本幹子・谷口佳子・大窪久代・大宮智江（1999）『秘書概論』同文書院。

宮城まり子（2002）『キャリアカウンセリング』駿河台出版社。

村上哲大（1996）『目的論的アプローチによる秘書理論』都市文化社。

森脇道子（1978）『女性秘書入門』ダイヤモンド社。

森脇道子（1986）『秘書概論』建帛社。

森脇道子（1998）『新版秘書概論』建帛社。

森脇道子編著（2011）『ビジネス実務総論　改訂版』実教出版。

森脇道子・篠田あき（1987）『秘書になりたい人の本』ダイヤモンド社。

矢島正見・耳塚寛明（2001）『変わる若者と職業世界』学文社。

山本直人（2004）『グッドキャリア』東洋経済新報社。

山本命子（1999）『最新秘書学概論』萌文書林。

吉田治司（1993）『テキスト秘書概論』秋山書店。

労働省女性局（1999）『増補改正男女雇用機会均等法の解説』21世紀職業財団。

渡辺峻・中村艶子（2004）『男女協働の職場づくり』ミネルヴァ書房。

Barnard, Chester I.（1970）*The Functions of The Executive*, Thirtieth Anniversary Edition, Harvard University Press.（山本安次郎訳（1968）『新訳 経営者の役割』ダイヤモンド社。）

Beck, Ulrich Anthony Giddens and Scott Lash（1994）*Reflexive Modernization*, Polity Press.（松尾精文・小幡正敏・叶堂隆三訳（1997）『再帰的近代化』而立書房。）

Birley, Sue and Ian C. MacMillan（1997）*Entrepreneurship in a Global Context*, London; New York: Routledge.

Bridges, William（1995）*Job Sift*, Revisededition, DaCopo Press.（岡本豊訳（1995）『経営者の役割』徳間書店。）

Burch, John G.（1986）*Entrepreneurship*, New York: Wiley.

Gelatt, H.B. and Carol Galatt（2003）*Creative Decision Making: Using Positive Uncertainty*, Crips Learning.

Giddens, Anthony（1991）*Modernity and Self-identity: Self and Society in the Late Modern Age*, Polity Press.（秋吉美都・安藤太郎・筒井淳也訳（2005）『モダニティと自己アイデンティティー』ハーベスト社。）

Harvard Business School（1991）*Entrepreneurship: creativity at work*, Harvard Business School Press.

Karmel, Solomon M. and Justin Bryon（2002）*A Comparison of Small and Medium Sized Enterprises in Europe and in the USA*, London: Routledge.

Krumbolz, John D. and Al S. Levin（2004）*Luck Is No Accident*, Impact Publishers, Inc.（花田光世・大木紀子・宮地夕紀子訳（2005）『その幸運は偶然ではないんです！』ダイヤモンド社。）

Lockwood, David（1989）*The Black Coated Worker: A Study in Class Consciousness, 2nd ed.,* UK: Oxford University Press.

Loso and Agnew（1950）*Clerical Office Practice,* South Western Publishing.

Robinson, David（1992）*The Naked Entrepreneur,* Kogan Page Ltd.（川上宏訳（1992）『素顔のアントルプルヌール：革新型経営者』千倉書房。）

Schein, E.H.（1978）*Career Dynamics: Matching Individual and Organizational Needs,* Addison-Wesley.（二村敏子・三善勝代訳（1991）『キャリア・ダイナミクス』白桃書房。）

Schein, E.H.（1990）*Career Anchors: Discovering Your Real Values,* revisited edition, Jossey-Bass/Pfeiffer.（金井壽宏訳（2003）『キャリア・アンカー：自分のほんとうの価値を発見しよう』白桃書房。）

Silver, A. David（1986）*The Entrepreneurial Life: How to Go for it and Get it,* New York: Wiley.

Stapleton, Richard John（1985）*The Entrepreneur: Concepts and Cases on Creativity in Business,* Lanham, MD: University Press of America.

Timmons, Jeffry A.（2003）*New Venture Creation,* 8th Revisededition. McGraw-Hill.（千本倖生・金井信次訳（1997）『ベンチャー創造の理論と戦略』ダイヤモンド社。）

Vinnicombe, Susan（1980）*Secretaries, Management and Organizations,* Heinemann Educational Books.

解　　答

第9章　マナーの基本

(1)

1）③

2）①

3）③

4）④

5）④

6）①

7）②

8）③

9）②

10）②

(2)

1）お入れしました　お持ちいたしましょうか

2）休ませていただきたい　よろしいでしょうか

3）こちら　ご覧になって

4）田中様　先ほど　いらっしゃいました

5）少々　お時間を　いただけませんでしょうか

6）お先に　帰らせていただいても　よろしいでしょうか

7）お届けして　まいりましょうか

8）いたしかねますが　いかがいたしましょうか

9）どちらさまでいらっしゃいますか

10）いただけますでしょうか

11）お待たせいたしました

12）先ほどは　おいでいただきましたのに　申し訳ございませんでした

13）こちらで　部長の田中が　お待ちいたしております

14）さようでございますか

15）存じません

(3)

1）A社の山田課長がお見えになりました。

2）申し訳ございません。課長の山下はただいま電話中でございますの
で，こちらで少々お待ちくださいませんでしょうか。

3）お帰りなさいませ。

4） ただいま参ります。

5） お忙しいところ申し訳ございませんが，コピーの取り方を教えてくださいますか。

6） ご返事はまだいただいておりません。

7） お戻りになりました。

8） 召し上がってください。

9） 申し上げた（申しました）

10） おっしゃった

(4)

① 副社長

② 専務取締役

③ 常務取締役

④ 部長

⑤ 課長

⑥ 係長

第10章　電話応対

(1)　③

(2)　②

(3)　④

(4)　お待たせいたしました。青十字薬局総務部でございます。

(5)　ただいま田中と代わりますので，少々お待ちくださいませ。

第11章　来客応対

(1)　④

(2)　②

(3)　④

(4)　①，⑦

(5)　②，③，⑥，⑦

(6)　④

(7)　専務②，上司③，A子①

(8)　②

(9)　④

(10)　①　失礼でございますが，お名前は何とお読みすればよろしいでしょうか。

　　　②　失礼でございますが，どちら様でいらっしゃいますか。

③　ただいま山本が席におりますかどうか確認してまいりますので，少々お待ちいただけませんでしょうか。

④　いつも大変お世話になっております。応接室へご案内いたします。こちらへどうぞ。

⑤　失礼いたします（本日はご足労いただき，ありがとうございました）。

第12章　交際業務

(1)

① 還暦

② 古希

③ 喜寿

④ 傘寿

⑤ 米寿

⑥ 卒寿

⑦ 白寿

(2)

1 ）寿，御結婚御祝

2 ）寿

3 ）寿，祝喜寿

4 ）御見舞，祈御全快

5 ）全快祝，快気祝，内祝

6 ）御礼，薄謝，謝礼，寸志

7 ）粗品，内祝

8 ）御餞別，祝御栄転，栄転御祝

9 ）御餞別

10）新築御祝，祝御新築

11）御香典，御香料，御仏前，御霊前

12）御神前，御榊料，御玉串料

13）御花料，御花輪料，御ミサ料

14）御霊前

15）志，忌明

16）御布施

17）御車代

(3)

④，⑥

第13章　ビジネス文書

(1)

　　① 先生

　　② 様，殿

　　③ 様

　　④ 御中

　　⑤ 各位

(2)

　　① 盛夏の候

　　② 貴社

　　③ ご高配，ご芳情

　　④ 弊社，当社

　　⑤ つきましては

　　⑥ 小宴，粗宴

　　⑦ ご多忙の

　　⑧ 万障お繰り合わせの上

　　⑨ ご臨席

　　⑩ 謹白

(3)

拝啓　陽春の候，貴社ますますご発展のこととお喜び申し上げます。

　さて，私こと，このたび，事務部長を命じられ，過日着任いたしました。昨今の業界を取り巻く情勢は，まことに厳しいものがございますが，微力ながら新任務に専念する所存でございます。前任者同様に，ご指導とご厚情を賜りますようお願い申し上げます。

　まずは，略儀ながら書中をもってご挨拶申し上げます。

敬具

⑷

営業発第○－78号

令和○年10月 3 日

営業課長各位

営業部長

営業企画会議について（通知）

　下記のとおり，標記の会議を行いますので出席願います。

記

１．日時　10月10日（火）14：00〜16：00

２．場所　第 2 会議室（ 8 階）

３．議題　⑴　上半期の営業成績の報告

　　　　　⑵　下半期の販売割当

　　　　　⑶　その他

なお，資料は席上にて配布します。

以上

担当　営業本部　○○

（内線678）

⑸

拝啓　ますますご健勝のこととお喜び申し上げます。（拝察いたします）

　さて，このたび日頃お世話になっております貴社のご担当の方々と親睦を図り，意見を交換する会を下記のとおり，企画いたしました。

　つきましては，ご多忙のところ恐縮でございますが，何卒ご出席くださいますようご案内申し上げます。

敬具

記

１．日　時　令和〇年11月20日（水）17時30分〜20時
２．場　所　ニュースカイホテル18階　スカイレストラン
なお，ご出欠は担当者までお電話にてお願い申し上げます。

以上

担当　営業部　山本
03-3210-1234（直通）

⑹

総発〇〇－10号

令和〇年4月1日

株式会社青十字薬局

総　務　部　御中

東京銀行株式会社

総　務　部

電話番号変更のお知らせ

拝啓　陽春の候，貴社ますますご隆昌のこととお喜び申し上げます。日頃は格別のご愛顧を賜り，厚く御礼申し上げます。

　さて，このたび当社の電話番号が下記のとおり変更となりましたので，お手数をおかけいたしますが，名簿などご訂正くださいますようお願い申し上げます。

　まずは，取り急ぎご通知申し上げます。

敬具

記

1．変更日　　　4月15日（火）より

2．新電話番号　03-3111-2222（代）

以上

担当　総務部　〇〇〇〇

電話03-3111-2222

（4月14日までは03-3222-4444）

謹啓　秋冷の候　ますますご清祥のこととお慶び申し上げます　平素はひとかたならぬ

お引き立てを賜り　厚く御礼申し上げます

　　　　　　　　　　　　　　　　　　　　　　さて　私こと

このたび　定期人事異動によりまして　三宅圭史の後任として総務部長に就任いたし

ました

もとより微力でございますが　皆様のご期待に沿うよう専心努力いたす所存でござい

ますので　前任者同様のご指導ご支援を賜りますようお願い申し上げます

略儀ながら　書中をもってお願いかたがたご挨拶申し上げます

　　　　　　　　　　　　　　　　　　　　　　　　　　　　　　敬白

令和○年十月○日

　　　　　　　　　　株式会社　青十字薬局

　　　　　　　　　　　　総務部長　坂口達也

〈著者紹介〉

德永　彩子（とくなが　さいこ）

　　　　　1975年　福岡県生まれ
現　　職　熊本学園大学商学部ホスピタリティ・マネジメント学科准教授（経営学
　　　　　博士）
　　　　　2007年　安田女子短期大学秘書科専任講師（〜2013年）
　　　　　2013年　九州共立大学経済学部経済・経営学科専任講師（〜2016年）
　　　　　2017年　熊本学園大学商学部ホスピタリティ・マネジメント学科特任講
　　　　　　　　　師（〜2020年）を経て現在に至る
最終学歴　2017年　西南学院大学大学院経営学研究科経営学専攻博士後期課程修了
専　　門　秘書学・キャリア論
　　　　　2020年　日本レセプト学会「フロンティア賞」受賞

主要著書　『医療秘書　ビジネスマナーの基本』（2014）キャリアカレッジジャパン

ブレーン秘書の理論と実務

2021年 6 月 1 日　第一版第一刷発行　　　　　◎検印省略
2023年 1 月30日　第一版第二刷発行

　　　　　　　　　　　　　　　　　　著　者　德 永 彩 子

発行所　株式会社 **学 文 社**　　　郵便番号　　　　153-0064
　　　　　　　　　　　　　　　　東 京 都 目 黒 区 下 目 黒3-6-1
発行者　田 中 千 津 子　　　　電　　話　03(3715)1501(代)
　　　　　　　　　　　　　　　　https://www.gakubunsha.com

　　　　　　© TOKUNAGA Saiko　　　　　　　Printed in Japan 2021
乱丁・落丁の場合は本社でお取替します。　　印刷／東光整版印刷㈱
定価はカバーに表示。

ISBN 978-4-7620-3093-2